「ムダ」の省き方

お金・時間・モノ・情報・逃げ方の現代流改善術

トーマスガジェマガ

KADOKAWA

序章

我々の生活はムダで溢れている

ムダを省けば余裕ができる

本書では、俺の趣味であり現在の飯の種でもあるライフハックのノウハウを集大成としてまとめている。

具体的には「お金」「時間」「健康」「モノ」「情報」のムダを徹底的に省くことで、余裕ある人生を手に入れる方法を提案する。

そして、その余裕をベースに「自分のやりたいこと」を見つけやすくするところまで案内する。

安っぽく言ってしまうと「ライフハック×自己啓発」という感じにはなるけど、著者も内容もそんなに意識が高いわけではなく現実的。どちらかというと実現可能性が高く、今日から実行できる実用書だと思ってほしい。

さて、まず著者が誰なのか自己紹介を簡単にさせてもらう前に、「え、こいつ一人称を『俺』でいくの?」という読者の疑問に答えたい。本書では一人称を「俺」とする。許してほしい。

というのも現在の俺はブロガー兼YouTuberとして活動していて、そっちでは一人称を全て「俺」で統一しているんだ。もちろん「俺」表記に特にオラオラしたい意図はなく、たまたま10年前に書き始めたブログの一人称が普段通り「俺」だったというだけの話でしかないんだけど、書店で探してもローランド氏以外で一人称を「俺」にしている人が見つからなかったから最後まで迷った。

ただ、本書だけ「僕」表記にしてしまうと、普段ブログとYouTubeを見てくれている人からは本で急に媚びだしたと思われるし、本書をきっかけにブログとYouTubeを見てくれた人は自分のテリトリーだけオラついていると思われてしまう。どう転んでも誰かの違和感は避けられないのであれば普段通り俺は俺で行くことにした。読む側に慣れを求めることを許してほしい。


話は自己紹介に戻る。現在の俺はブロガー兼YouTuberとして活動していて、両方とも実体があってないような仕事だから世間からのイメージは良くないと思う。

特にYouTubeといえば、「馬鹿が馬鹿をやっているのを馬鹿が見るもの」というイメージが強いと思うけど、実はもうその価値観は古くて、2019年頃からは徐々に学習動画が出始め、YouTubeで勉強する人が増えていたりする。

そんなYouTubeはコロナウイルス蔓延《まんえん》によるステイホームの後押しもあり、

2020年以降も順調にユーザーが増え続けていて、なかでも、2020年は特にビジネス系のYouTuberを見る人が増えた。その流れにガジェットと生活改善情報を発信していた俺が偶然乗る形になった。結果、2019年1月に24万円だった俺の月収は、2020年1月には117万円になり、それが10月には386万円になって、その後も月300万円を超える状態が続いている。

おかげでKADOKAWAさんにお声がけまでいただいて本を出版することになった。YouTuberに出版の話がくる辺り時代だなぁとも思うけど、ほんの数年前までは月収30万円のどこにでもいるサラリーマンだったことを思うと人生何が起こるかわからない。

「3年以上続いたのは大学だけ」の社会不適合者

思えばここまでの俺の人生は波瀾万丈というわけでもなく、ただの飽き性で、3年以上継続できたのは留年して5年通うことになった大学だけ。なにも続かないもんだから色々なものに手を出さざるを得ず、この性格が広く浅く情報を発信するブログとかYouTubeに向いていた理由だと思う。

まず大学を卒業してからは日本を変えたいという思いに駆られて1年浪人して国家

公務員として霞が関で働いた。霞が関と言っても官僚を目指せるキャリア職員ではなく、官僚に使われる側のノンキャリア職員として入省していて、そこでは優秀すぎる人材のレベルの高さと月に180時間残業する長時間労働に打ちのめされて2年で退省することになった。

その後は地元の奈良に戻って当時好きだったスマホを人に紹介するために家電量販店とか携帯ショップで携帯販売員をやりつつ、人との会話で感じていた苦手意識を克服するために大阪ミナミ（東京で言う歌舞伎町）で居酒屋キャッチをする生活を2年続けた。

居酒屋キャッチは人生の分岐点

居酒屋キャッチへの応募は俺の人生最大の分岐点だった。居酒屋キャッチはそれまで地味で真面目一筋だった俺には未知の領域で恐怖でしかなく、ビビりまくって面接場所として指定された事務所前の通りを何往復もしたのを覚えている。

そんな居酒屋キャッチで働く人は俺が想像していた以上にバラエティに富んでいて、同僚は常識が通用しない倫理観が欠如した人ばかり。それまで公立高校、国立大学、国家公務員と周りに常識人しかいなかった俺には全てが衝撃的で、生真面目に生きても損だなと思ったのを覚えている。

更に居酒屋キャッチは給料が完全歩合制故に、いかに多く声をかけるか、いかに多く交渉するかが全て。「キャッチ」のアウトローなイメージとは裏腹に行動力と交渉力が身に付く素晴らしい仕事で、今の俺の営業力の基礎を形作ってくれた。

法人向けの営業はビジネスの基礎を学ぶためにおすすめ

その後、もともと箸休めにするつもりだった携帯販売員と居酒屋キャッチを2年ほどで切り上げて、また東京でIT企業の営業マンとして就職し新規の法人営業を担当したけど、これもいい仕事だった。

営業は断られることが仕事だから嫌がる人も多いし、やりたくない気持ちもよくわかるけど一度はやっておいたほうが良い。

なぜなら「物を売る」のは全てのビジネスの基本だから。物を売るためにはまず相手に話を聞いてもらって物の魅力を伝える必要があるんだけど、当然、相手によってニーズも違うから、同じ商品でも提案方法を変える必要がある。この営業の経験が今のブログとかYouTubeでの解説に役立っているのは間違いない。

そんな営業の仕事も同じことの繰り返しに飽きて3年で辞めてしまったんだけど、

その3年間で給料が1円も上がらなかったことも退職の決意を後押ししてくれた要因の一つだった。

会社にとっても俺は必要なかったんだと思う。

でも、それはそれでよかった。

給料が上がらなかったからこそ自分で稼がないと未来は無いと思えたし、色々な副業に手を出さざるを得ない環境だったからこそブロガーとして独立することができた。

逃げることに全力の人生

そんなこんなで公務員、居酒屋キャッチ、携帯販売員、IT法人営業、ブロガー、YouTuberと転々としてきて今に至る。間に空白期間も多いし全然できた人間ではない。

今の俺があるのは、あくまでも偶然。

なにを継続したわけでもないんだけど、しいて言えば、継続しなかったからこそ今があると思ってる。

というのも俺はメンタルが弱い。

苦しいことに耐えるのが苦手だしストレスに弱い。人間関係なんかは特に苦手で、会社内でもろくに人間関係を構築できなかった社会不適合者だ。だから苦手なことからは逃げに逃げた。

ただ、振り返って思うと、逃げた後悔はないけど、もし逃げなかったらという恐怖は多い。

もし、公務員を辞めていなければ居酒屋キャッチに飛び込むことはなかったし、会社員を辞めていなければ独立することもなかった。過去の「逃げ」は全て今のところプラスに繋がってる。

俺は飽き性とメンタルの弱さで逃げ続ける人生を送ってきたからこそ自分の土俵に辿《たど》り着けた。

当然だけど人はワクワクできる分野には強い。自分が好きなことなら働いていても苦にならないし、好きだからこそ質を追求できる。それが俺の場合はガジェットと生活改善だった。それを突き詰めつつブログとYouTubeで発信していったら仕事になって、本も出すことになったという話。

ということで、本書では逃げ続けた俺が最終的に辿り着いた得意分野である「ガジェットと生活改善情報」を集大成としてまとめつつ、今までの人生で蓄積したノウハウとなる「時間」と「お金」の作り方、及び「自分のやりたいことの見つけ方」を解説する。

人生は「改善点」と「伸びしろ」で溢れている

さて、本書を読んでもらうにもモチベーションが必要だと思うから本書の目的を具体的にサラッと解説したい。

本書では**人生を効率化することでゆとりある生活を実現しつつ、あわよくば生き甲斐まで見つける方法を解説する。**

こう言うと漠然としすぎているけど、具体的には、時間を作って、お金を作って、心に余裕を持ちつつ目的も探すという感じ。

「そんな夢みたいなことが簡単に実現できるかよ」と思うかもしれないけど、生活のムダを減らせば意外と簡単に実現できる。

というのも、俺に言わせれば**多くの人の生活はムダだらけで、「え、まだ川で洗濯してるの？」ってレベルの人が多い。**

とはいえ、そんな人も悲観しなくていい。なぜなら、**今ムダが多いということは、改善点と伸びしろで溢れているということでもあるから。**つまり、少しの努力で生活を大幅に改善できる明るい未来しか待っていないとポジティブに考えてほしい。そして本書はその役に立つ。

ただ、勘違いしてほしくないのはムダを全て省いて敏腕証券マンのような完璧超人を目指そうという話でもないということ。

というか、そんなのは俺を含め大半の人には無理。

本書では作った時間で何もしない優雅な生活をゴールとして目指す。なぜなら、なにも無い時間は心の余裕と人生の豊かさに繋がるから。

余裕があるからこそ思考を整理できるし、時間があるからこそ情報収集ができる。

時間と余裕は自分の本当の興味関心に気付くための源泉であって、幸福度が高い人生には不可欠なんだ。

やりたいことを見つけるのは難しい

そもそも多くの人は、やりたいことができない以前に見つからないことが人生の課題になっている。

やりたいことが無い。でも生きるためにお金は必要。だから、なんとなく毎日会社に通っている。

人生が一度しかないことに薄々感づいてはいながら、日常を消耗することを甘んじて受け入れている状態。

やりたいことに全力を尽くす準備はあるのにその矛先が見つからない。これが多くの人が抱える悩みだ。

とはいえ、やりたいことを見つけるのは本当に難しい。

だからみんな悩む。しかも、やりたいことは人それぞれだから、誰かと一緒に探すこともできない。

自分のやりたいことは自分にしかわからないから自分で探すしかないんだ。ただ、一緒に探すことはできなくても、自分で探す方法を教えることはできる。

というのも、まさに今の俺がやりたいことを仕事にできているラッキーな人だから、そのノウハウは伝えられる。

もちろん俺のここまでの道のりは直線ではなかったし、色々なことに手を出しては失敗してるんだけど、数打ちゃ当たるし失敗しなかったものは残る。

それが今の俺の仕事。世間一般で言われている成功なんてものは所詮消去法に過ぎない。

つまり最高の選択ではなく、「悪くない選択」を目指せばいい。そう思えば、やりたいことを見つけるハードルはだいぶ下がる。

情報と時間とお金は挑戦には絶対的に必要

思い返せば、俺は現在に至るまで色々なことに興味を持って手を出しては挫折してを繰り返してきたけど、全ての挑戦に共通して必要だったのは、情報と時間とお金の3つだった。

なかでも最も重要なのは、挑戦したいその何かの存在を知るための情報だ。挑戦したいと思うにはまずその物事の存在を知っていることが大前提となる。牛丼を知らない人が牛丼を食べたくはならないのと同じ。知ってるから求める。

逆に挑戦したいものさえ見つかれば、あとはその挑戦に必要な時間と初期投資を捻出すればいいだけ。

もちろんここも大変ではあるけれど、目的地が決まればあとは歩を進めるだけだからまだ気は楽。

つまり日頃から自分の役に立つ幅広い情報収集をしておけば遅かれ早かれやりたいことは見つかるし、時間とお金を確保しておけば、やりたいことが見つかった時にすぐ動けるようになる。

その結果、人生がときめいて今より毎日が楽しくなるというからくり。一方でやりたいことが見つからなかったとしても時間とお金のある優雅な生活は手に入る。どう転んでも人生は好転する。

お金→時間→情報→思考法の順にムダを省き改善する理由

本書で解説する順番は「お金」「時間」「情報」「思考法」となる。この順番には理由がある。

まずお金の奴隷からの解放を目指す

お金があれば全てが手に入るとまでは言わないけど、なにをするにもお金が必要。ということでまずなによりお金を確保する方法を第1章で解説していく。というのも、多くの人はお金のために時間を労働に変えて働くお金の奴隷状態なんだ。この状態を抜け出さないと時間的余裕は永遠に手に入らない。

そしてお金の奴隷状態を脱するには収入を上げるか、固定費を下げるかの二択しかない。で、このどちらを解説するかだけど、収入を上げる話はそれだけでいくつも本を出せてしまうレベルだから他の本に託す。本書は後者。

俺の得意分野となるストレスなく固定費を下げてお金を増やす方法をメインに解説していく。

固定費の削減は収入を増やす方法と違って即効性があるから、今日やれば今日効果を実感できる。今日から取り組んでほしい。

次に時間の奴隷からの解放を目指す

ストレスなく固定費を下げてお金を増やすことができれば、以前よりも余剰資金が増える。ということで、第2章以降では節約して増えたお金を時間に投資して時間を増やす方法を解説していく。

つまり、時間で買ったお金で今度は時間を買うという流れ。ややこしいけどついてきてほしい。

お金で時間を買うという手法は超効果的で、なんとお金がかかるのは家電製品とかを購入する最初だけ。それなのに、一度環境を整えてしまうと以降は全自動で時間が増え続ける優れものなんだ。

なんなら家電製品を導入するまでもなく考え方を一つ変えるだけで時短に繋がる項目も多い。ここでは一分一秒を惜しんで徹底的に時間のムダを省く時短を推し進めたい。

時間の使い方が貧富を分ける

なぜここまで時短に拘《こだわ》るかというと、世の中の貧富の差を分けているのは実は時間の使い方だけだからなんだ。

富豪も貧困層も使える時間の上限は1日24時間で全く同じ。その使い方だけが人生を左右するといっても過言ではない。

それなら24時間の内の実際に使える可処分時間を増やしてしまえば、人生をより有利に進められるようになるという話。

ということで、家事労働とかその他諸々《もろもろ》の生活に潜む1円にもならないムダ作業をできる限りお金と知恵で解決して自分の余暇時間を増やす方法を第2章で解説する。

そして、体調不良による時間的損失を無くす方法を第3章で解説し、「モノ」のムダを省く方法を第4章で解説する。

増えた時間とお金で贅沢して自分を見つめ直す

お金と時間のムダを省いた結果、節約と時短をマスターして、出費は少なく時間を多くすることができれば以前よりも生活は遥《はる》かに楽になるはず。

こうなると心に余裕を持てるようになるし選択肢が増える。

その増えた時間とお金は自分の趣味に使っても良いし、友好費に使っても良い。今まで時間とお金が原因で我慢していたちょっとした贅沢《ぜいたく》を実現してしまえば、それが自分を見つめ直すきっかけになる。


実は俺も大学に入学して初めての一人暮らしで、それまで家族とシェアしていたフルーチェを一人で独占して食べたことがあるんだけど、念願だった大量のフルーチェを一人で食べて以来、俺は一口もフルーチェを食べていない。大量のフルーチェを一人で食べても気持ち悪くなるだけだと気付けたし、実現したことで意外とこんなもんかと満足してしまった。

この辺りはスタンプラリーと同じ。一つ一つ潰していけば、いつか自分の本当にやりたいゴールに辿り着くから、とりあえず全部やってみればいい。ぱっと頭に浮かぶ興味関心は意外と取るに足らないものが多い。

だから、**まずは増えた時間とお金を今自分がやりたいと勘違いしていることに使って頭を整理していく。**

どうせ大半は勘違いだからすぐに飽きる。

勘違いに気付ければ前進だし、勘違いじゃなければ儲《もう》けもので、どう転んでもその経験はムダにはならない。

未来の行動を変える情報取得にシフトする

お金と時間を増やしつつちょっとした自分の興味関心を実現していくと少しずつ自分の頭のリソースに空きができ始めて、次はなにをやろうかなと、これからの身の振り方を考えられるようになる。

そこで次は、普段の情報収集手段を見直して自分に役立つ情報取得にシフトしていく。こうすることで自分が知らなかったことが新たな興味関心になり、それがやがて目的になる。だから情報の質には拘ることが大切。

というのも、現代社会はゴミ情報で溢れすぎているんだ。

取得する情報を意識しないと、自分と一生関わらない他人にばかり詳しくなってしまう。

実は日々のニュースで流れる芸能人のスキャンダルとか、海外の大統領選、遠方で起きた事件事故を知ったところで自分の役には立たない。

もちろん世間のことを知らなすぎるのはそれはそれで問題ではあるけど、この辺りはバランスが大切。米大統領がトランプだろうがバイデンだろうが多くの人には関係ないし、知ったところでどうすることもできない。それなら明日の自分の行動を変えられる情報を取得したほうが遥かに有益。

自分の人生もままならないのに他人の人生を追ったところでって話。**まずは自分優先で自分のための情報取得を意識したい。**

全力で生きなくても良い日常の幸せを噛みしめる

そして、これら全てを実現して突き詰めていくとお金と時間に余裕があって、しかもやることも無い、悪く言うと暇な状態が実現する。

この段階で忙しすぎない毎日にちょっとした虚《むな》しさを感じつつ、全力にならなくても生きられる余裕ある生活に幸せを感じてほしい。

巷《ちまた》には「毎日を全力で生きろ」みたいな意識高い系のフレーズが溢れてはいるけど、本当に毎日を全力で生きてしまうと緊急事に対応できないし変化もできない。

重要なのは、いざという時に全力になれる余力を残しつつ、余暇時間を新たな挑戦への思考と充電に回すことなんだ。

遅かれ早かれ人生の目標が見つかれば、どうせまた忙しくなる。
それに備えて普段は5割くらいの稼働で生きつつ、全力でなくても生きられる幸せを噛みしめてほしい。

という感じで前置き終わり。やっと次から本題に入る。

目次

第２章 「時間」のムダをなくして効率化する方法――69

第3章 時間とお金を失わないために「健康」を維持する 111

第4章 生み出す時間より奪う時間が多い「物」は捨てる――133

第5章 ムダのない「情報」の集め方 —— 161

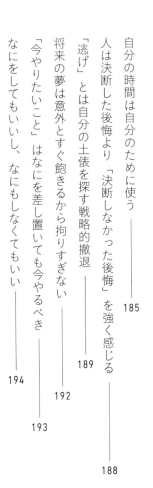

装丁:西垂水敦・松山千尋(krran)
本文デザイン・図版:清家舞(メタ・マニエラ)
校正:あかえんぴつ

第1章

「お金」のムダをなくす方法

「世の中は金」何をするにもまずはお金が必要

世の中は金。お金があっても幸せにはなれないかもしれないけど、お金がないと不幸になる。という言葉は既に耳タコだとは思うけど、最低限度の生活にも夢の実現にもある程度のお金は必要。

思いついたビジネスを始めるには初期投資が必要だし、挑戦のために思い切って会社を辞めるにしてもその挑戦期間を生き延びる生活資金が必要になる。

金は選択肢そのものであって、自分が残り何ターン行動できるかを決める人生のライフゲージに等しい。

例えば俺がブログで独立する決断をした時は、月の生活費を20万円と仮定して、当時の貯金240万円から挑戦できる期間を逆算して挑んだ。そして収支が黒字の月は命が延びるし、赤字の月は縮むという感じ。

この基準は今でも変わってなくて、月300万円の収入はシンプルに15ヶ月分の命として捉えてる。ただ、半分は税金だから実際は7・5ヶ月分ではあるけど、それはどうでもいい話。

つまり、お金がないといざやりたいことが見つかっても夢物語で終わってしまう。**あらゆる挑戦にはお金と時間が必要だから、貯金で命を確保するという考えは常に持ちたい。**

一方で、まだやりたいことがなく満たされない日々を過ごしている人は、それはそれで準備の猶予があってラッキーだと割り切ればＯＫ。いつか来たる資金が必要になる日に備えて貯《た》めておけばいい。

大切なのは「お金がなくてできない」を障壁にしない用意をしておくことなんだ。

お金が足りない原因は収入だけじゃない

お金は絶対的に必要ではあるけど、最近の日本人が金銭的に貧乏になっているのも事実。特に若者を中心にお金を貯めようにも貯められない人が増え続けている。

それもそのはず、日本は20年前と比較すると税負担率が約１・21倍と大幅に上がってるのに平均年収は約45万円も下がっている最悪の状況だ。

とはいえ、収入が無いから貯めるのは無理と諦めるわけにもいかない。どれだけ不満があろうと明日も明後日も生きていくしかないんだから工夫するしかない。実際、同じ収入でも人によって貯金額が違うのは、この工夫ができているかどうかの差があるからなんだ。

俺の経験上、**お金がない人ほど生活のムダが多く、１００円単位のお菓子とかドリンクの出費に無頓着な傾向で、そりゃそんな生活じゃ貯金できないだろって人が多い。**ラーメンを食べながら痩せたいと願うデブと同じ。痩せたいならラーメンをやめればいい。

貯金も全く同じで、お金を貯めたいならムダな出費を減らせばいい。そのためにまずムダな出費を把握する。「え、これムダな出費じゃん！」って気付ければ、あとはやめるだけ。意外と簡単。

節約とストレスはトレードオフ

とはいえ、こんな事を言いながらも実は過去の俺自身がムダな出費だらけだった。そのくせ節約は大好きだったから、電源プラグからコンセントを抜いたりとか、夏場エアコンを我慢して35℃に耐えたり、電気を消して暗い部屋で過ごしたりみたいな超非効率、非合理的でアホ丸出しな節約をしていた。

一応この節約にも効果はあって、月の電気代が800円を下回ったこともあるんだけど、これは完全にNG。無理な節約は絶対に続かない。

なぜなら、**節約とストレスはトレードオフだから。これは肝に銘じてほしい。無理な節約で溜まったストレスは必ずどこかで浪費として発散することになる。**

つまり、ムダな出費を増やさず節約するならストレスを溜《た》めないことが絶対条件なんだ。例えば月1000円節約するためにエアコンを消して夏の暑さに耐える過去の俺みたいな節約は、30日間35℃に耐える苦しみの割に対価が少なく費用対効果が見合わなすぎる。更に暑さを我慢したご褒美にアイスクリームなんかを買ってしまったら目も当てられない。

結局、月1000円を浮かせるどころかトータルではアイスクリーム代で赤字という事態になりかねない。

繰り返しになるけど、溜まったストレスは必ず発散が必要で、その発散には多くの場合、お金が必要になる。これは節約だけでなく職場の人間関係とかでも同じ。だから上司が嫌なら早めに転職したほうが良いというのは別の話だけど、**全てのストレスは出費に直結するし、人の我慢には必ず限界がある。**

「我慢しない」4つの節約法

我慢というのは、最初はなんとかなっても長期的に耐え続けるのは無理。精神が壊れる。つまり、**ムダな出費を減らすには我慢強さより我慢しない方法の模索が重要だ。**

これが俺のムダな出費を減らす方針。

我慢せず、意識すらしない節約方法が見つかれば勝手に続くし、お金が貯まるとまでは言わないにしても出費が減って今より生活は楽になる。

ということで、ここからはやっと俺なりの具体的な節約方法を解説していく。ムダな出費を削減する節約方法は次の4本立て。

①「いますぐ」に廃止すべき節約

②もう一度の「見直し」による節約
③長い目で見て考えたい「初期投資」が伴う節約
④お得な「制度活用」による節約

①「いますぐ」に廃止すべき節約

まず即廃止してほしいのは次の2点。
こんなもんもうやってねぇよって人は、サラッと飛ばしてほしい。

・タバコ・ギャンブルの廃止
・新聞購読の廃止

タバコ・ギャンブルの廃止

タバコ・ギャンブルは趣味、娯楽と割り切ってるなら止めはしないけど、どちらも極めて非生産的だし百害あって一利も無い。しかも依存性が強いのに将来性も無いと悪い事尽くめ。なるべく早く依存を断ち切って別の趣味に置き換えたい。そもそもタバコは税率63%と税金の塊で、嗜好品としては値段が高すぎるし体にも悪い。とはいえ、そんなこと多くの人は頭ではわかっているはず。でもやめられないから難しい。ならアプローチを変えればいい。とはいえタバコをガムに、ギャンブルをゲームセンターに切り替えて我慢する方向だとどうせ続かないから、別の興味関心に切り替えたい。

例えば、歯列矯正を始めて歯の意識を高めればタバコを吸うことに罪悪感を覚えるし、オンラインゲームに依存すればギャンブルに費やす時間がもったいなく感じる。逆にタバコとかギャンブルが本当に好きで仕方ないなら、それを極めて解説する側になってお金を稼ぐのもあり。要はタバコもギャンブルも依存でしかないから、マシな依存先に乗り換えれば良いという話。ただ、この本を今手にしてる意識が高い人はそもそもタバコもギャンブルもやってないだろうから、解説するだけムダな気もしてる。

新聞購読の廃止

もうさすがにとってる人はほとんどいないとは思うけど、まだ新聞をとっている人は急ぎ廃止してほしい。なぜなら新聞が必要だったのはインターネットが普及する前までの話だから。2021年はもう情報はウェブ上で無料で入手できるようになった。

例えば、スマホアプリなら「Yahoo!ニュース」とか「グノシー」とかで十分だし、「日経新聞」「産経新聞」とかの各社ホームページでも良いし、なんなら電子書籍で新聞を丸々読むことだって可能。それ以外にもインターネットは情報を取得する手段で溢れかえっている。もはや高い月額を払ってまで場所をとって処理にも持ち運びにも手間がかかる紙の新聞を契約する必要はない。新聞を窓ガラスの清掃に使っていた人は別途専用の布を用意してほしい。

あとなんなら世間の一般常識とされるニュースそのものを取得しなくてもOK。これは後述するけど、新聞購読の廃止を機にそもそもなぜ自分と関係ない他人の情報ばかりを集めているのか考え直してみても良いかもしれない。いずれにせよ新聞購読は廃止する。

②もう一度の「見直し」による節約

次に見直す、置き換えることによる節約方法を解説する。具体的には6点。少し手間はあるけど効果は大きいから積極的に取り組んでほしい。

・シャンプー、美容液、コスメ、日用品の見直し
・電気の契約アンペアの見直し
・ガス会社、電力会社の見直し
・通信回線の見直し
・保険の見直し
・サブスク契約の見直し

シャンプー、美容液、コスメ、日用品の見直し

日頃当たり前に使っているシャンプー、美容液、コスメ、日用品の原価って実はあってないようなもので、定価も寿司屋の時価みたいなものだと思っていい。ということで本当に高いものを使う必要があるのか、もしかしてブランド料にお金を払っているんじゃないのかと常に疑うようにしたい。

例えば、今使っているシャンプーが成分的に良いなら似たような成分のより安いシャンプーを検討してもいいし、そもそものシャンプーが自分に合っているのか、高いからという理由で使っていないかは検討し直していい。

俺の場合、髪の毛は色々試した結果、強めの捻転毛(天然パーマ)に合っている、洗浄力が低く保湿力の高い「ボタニカルダメージケアシャンプー」を使っているのみで、リンス、コンディショナーは無し、トリートメントの代わりに「ホホバオイルゴールド」を髪の毛に付ける運用に落ち着いている。

美容液は色々使ったけど、エステのお姉さんが質より量と言っていたアドバイスに従って薬局に置いてある400円の安いボトルのやつを使っていて、その他はまた「ホホバオイルゴールド」と乳液はニベアという感じ。口のケアは「リステリントータルケア+」と100円の歯磨き粉とデンタルフロスを常用している。

現状俺が使っている日用品を全てまとめると下記。

これらを「楽天市場」で5と0がつく日にまとめ買いすることで平均15%程度のポイント還元を受けてお得に購入しつつストックしている。楽天市場でのお得な買い方は後述する。

なかにはシャンプー1500円とかホホバオイル一万円とか高いものも含まれているけど、使用期間とか、それによっていらなくなる物も加味してトータルで考えつつお得に購入すればOK。逆に、拘りがないものは無難に売れ筋の物を買っておけばいい。もちろん価値観は人によるけど、再検討してみて安くて良いものが見つかれば儲けものだし、やっぱり高いのじゃないと駄目だとわかればそれはそれでOK。色々試して可能性を模索してみることが大切。

ボタニカルダメージケアシャンプー	1,500円(3ヶ月分)
ホホバオイルゴールド	10,000円(1Lで6ヶ月分)
化粧水　薬局の安いやつ	400円(3ヶ月分)
洗顔　ビオレ おうちdeエステ	1,000円(3ヶ月分)
ニベア乳液	800円(2ヶ月分)
リステリントータルケア+	1,000円(2ヶ月分)
歯磨き粉　薬局の安いやつ	100円(1ヶ月分)
デンタルフロス	400円(2ヶ月分)

電気の契約アンペアの見直し

意外と見過ごされがちなのが電力の契約アンペアで、これに関してはそもそも知らない人も多い。実は各家庭には一度にどれだけの電流を使えるかが契約アンペアで決まっていて、これはブレーカーを見れば確認が可能。俺の場合は「20A」で契約している。

この契約アンペアはプランによる基本料金の価格差が馬鹿にできなくて、特に「20A」と「30A」の差が大きい。参考までに2021年6月現在の東京電力の基本料金は下記の通り。

この基本料金は電気を一切使用しなくても毎月かかる固定費になるんだけど、一人暮らしなら契約アンペアは20Aでも余裕。万が一30A契約になっている場合は、20Aに下げ

（電力の基本料金）

10A	286円
15A	429円
20A	572円
30A	858円
40A	1,144円
50A	1,430円
60A	1,716円

ていい。

20Aに下げるとブレーカーが落ちるのが心配だけど、電球を省電力のものに変えれば余裕で耐えられる。俺も今現在は20Aに設定しているけど、ドライヤー、電子レンジ、コーヒーメーカー、ケトルの4つを同時に使わない限りブレーカーは落ちないから十分実用の範囲内。

これで月額を858円から572円まで下げられる。その差額は286円。年間にして3432円を無意識的に節約できるのは馬鹿にできない。7回のランチ代が浮く計算。

契約アンペアの変更は基本的に無料だからまず一度下げてみて、下げた電力消費に環境が耐えられるかを確認してほしい。

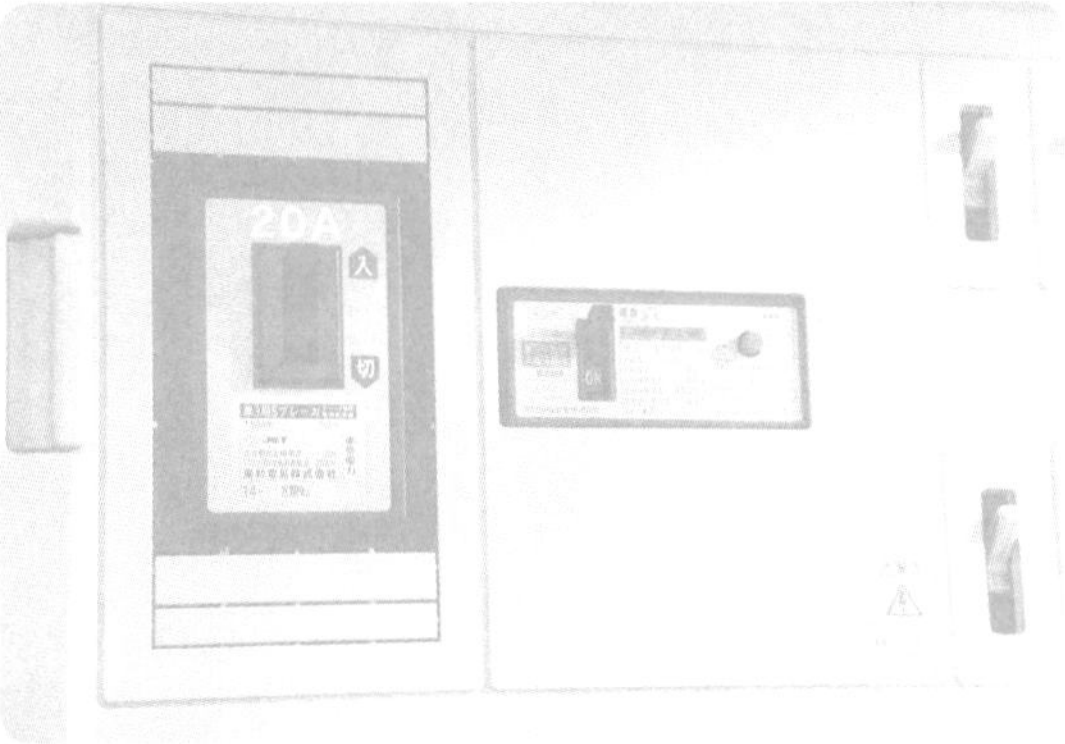

ガス会社、電力会社の見直し

ガスと電力は既に自由化されているから地域の電力会社以外との契約が可能。基本的にどの電力会社も乗り換えてもらうために地域電力よりも安い価格設定がなされているから早めに乗り換えたほうが良い。

問題はどの電力会社に乗り換えるかだけど、どこに乗り換えても大きな差はないからどこでもOK。強いて言うなら普段自分がよく利用しているサービスを提供する電力会社なら、値下げの相乗効果が大きくなるからおすすめ。例えば、普段楽天サービスの利用が多いなら「楽天でんき」、ソフトバンクを契約しているならソフトバンクの「おうちでんき」という選び方で良い。俺の場合は、既にソフトバンク光とワイモバイルを契約しているから現状はソフトバンクの「おうちでんき」を利用している。これでスマホの値引きと合わせて年間約4000円安くなってる。ランチ8回分が浮く計算。

注意点として、電力会社によっては前項で解説した契約アンペアの変更ができない場合がある。乗り換え前に契約アンペアの変更に対応するか確認しておきたい。

通信回線の見直し

携帯、スマホの通信回線はもはやライフラインだから契約していない人はいないと思うけど、この通信回線の値段は人によって月1000円から1万円と大幅に違う。もちろん大容量データ通信と電話かけ放題の両方が必要な人は月1万円の回線を使わざるを得ないんだけど、それは少数派。

ほとんどの人はそんなに使わないのに、それしか知らないが故に約1万円のプランを契約している状態。でも、実は1000円とは言わないまでも4000円も払えば十分満足できる回線が使えてしまったりする。例えば、俺が今現在契約している回線は下記の2つ。

これで家の中なら光回線でデータ使い放題だし、外でもワイモバイルで月3ギガまでのデータ通信が可能。俺の場合はYouTuberということもあって光回線が必須だから、どうしてもこれくらいの値段になってしまうけど、一般的な使い方であれば月20ギガもデータ通信ができれば十分。丁度2021年3

ソフトバンク光	ワイモバイル ×1
月5,720円	月2,178円

月から携帯大手が2980円（税抜）で20ギガと5分かけ放題のプランの提供を開始しているから、とりあえずそれに乗り換えればOK。大手3社のどれを選べば良いかわからない人は月2700円（税抜）で20ギガデータ、5分かけ放題のドコモの「ahamo」に乗り換えればいい。

逆に既に家に光回線を引いている人は月1000円程度で1ギガデータが使える「OCNモバイルONE」とか「IIJmio」でもいい。

要は、通信回線は知っているか知っていないかの差だけで大幅にコストが変わるということ。この分野が苦手な人は最初は大変だとは思うけど、今の時代はYouTubeでもブログでも多くの人が無料で解説してるから、それを見ながら学習すればいい。

人によっては年間で5万円以上の削減が狙える部分だから積極的に安くしたい。ランチ100回分と、その効果はかなり大きい。

保険の見直し

日本人は特に保険が好きな国民性でムダに保険に入りまくってる人が多い。そりゃテレビでも連日保険のＣＭが流れるわって話。もちろん、その広告費だって顧客からの保険料で賄われている。

ただ、実は多くの保険は必要ない。というのも本来保険とは、確率は低いけど起きてしまうと多額の支払いが必要になる事象に備えて入るもので、それが例えば事故とか病気にはなるんだけど、逆に言うとそれ以外の保険は必要なかったりする。

一般的に多くの人に必要な保険は下記の３種類のみ。

生命保険は既に所帯を持つ人が万が一事故・病気で亡くなった際に家族に必要なお金を残すため、火災保険は住宅が自分の過失で燃えた際に賠償するため、自動車保険は交通事故の相手に賠償するために必要になる。いずれも確率は低いながら万が一起きてしまうと多額の支払

生命保険
（家族がいる場合のみ）

火災保険
（必須）

自動車保険
（自動車保有者のみ）

いを前に破産する可能性が高い。だから保険が必要になる。

つまり、事象が起きても破産しないなら保険に入る意味がないから払い損なんだ。そして多くの医療保険は、こと日本に限れば必要ない。というのも日本には平均的な会社員であれば1ヶ月の自己負担額を8万円程度に収めてくれる高額療養費制度があって、この制度は健康保険に加入する全ての人が利用可能。つまり国民皆保険制度を採用する日本では既に全国民が最強の保険に加入済みだから病気に備える民間保険が必要ない。

その他、投資目的の積み立て保険もあるけど、それらに加入するなら「つみたてNISA」とか「iDeCo(イデコ)」とかの国が推奨する節税メリットもある投資をしたほうが効果的。

もちろん盗難保険等々ケースバイケースではあるけど、基本的に生命保険、火災保険、自動車保険以外の保険は解約を検討してほしい。

サブスク契約の見直し

最近はスマホの普及に伴って月額課金のサブスク契約が幅を利かせまくってる。サブスクサービスというのは、新聞の定期購読みたいに月額を支払う代わりに提供してくれるサービスのことで、有名どころだと動画配信サービスの「Netflix」とか音楽配信サービスの「Spotify」がそれ。そんなサブスクサービスは導入コストが安いからつい気軽に加入してしまいがちだけど、源泉徴収と同じで毎月無意識的にお金を徴収される悪魔の発明でもある。気付けば使っていないことすら忘れてムダにサービス代を払い続けるという最悪の事態になりかねないから定期的な見直しは必至。

例えば、俺の契約しているサブスクサービスの一覧が下記。

しめて年間で14万円660円にもなる。つまり月1万1721円が息をしているだけで無くなっている

フィットネスジム	月7,000円
Netflix	月1,320円
YouTube Premium	月1,180円
確定申告freee	年11,760円
楽天プレミアムカード	年10,000円
Amazonプライム	年4,900円

計算で馬鹿にならない。しかも俺よりも多い人もザラにいるはず。ということで内容が被《かぶ》るサービスが無いか、フィットネスジムを公営ジムに置き換えられないかなどの代替案は常に検討して少しでも出費を減らしたい。

特に最近は企業側がサブスクのほうが安定して儲かることに気付いて、サブスクサービスが増え続けている傾向で、1回で高く売り切るよりも、少額でも月額で課金してほしいのが企業側の心情なんだ。ユーザーとしても単月で見ればパッケージの購入より安いからメリットが大きいように見えるけど、どのサービスも2年以上継続して使うなら買ったほうが安いくらいの価格に設定されていることが多い。しかも使用権を買うサブスクと違って、パッケージの購入であれば使わなくなった時に売却することも可能。もし購入とサブスクを選べるのであれば、自分の使用期間も加味して長期的な視点から賢く選択したい。

あと繰り返しになるけど、サブスクサービスは使わなくてもお金がかかるから解約忘れが頻発する。

自分が現在使用しているサブスクを全て把握しているのか、クレジットカードの明細を毎月見直すなどしてムダな支出がないことを確認したい。

③長い目で見て考えたい「初期投資」が伴う節約

次に初期投資は伴うけど長い目で見ると確実に元が取れる節約方法を解説する。

月々のランニングコストが下がることで確実に元が取れるから可及的速やかに実行してほしい。

今日やれば今日から安くなる。具体的な項目は次の通り。

- 節水シャワーヘッドへの交換
- LED電球への交換
- 窓に気泡シートを貼る

節水シャワーヘッドへの交換

たかがシャワーヘッドと侮るなかれ。節水シャワーヘッドへの交換は思っている以上の節約効果がある。特に俺みたいにシャワーメインで生活している人の場合はなおさら。世の中には水の勢いはそのままに水量だけを50％も節水してくれる夢のような節水シャワーヘッドがある。もちろんシャワー一本一本の線は細くなるけど、違いは体感できない程度だから急ぎ交換してほしい。おすすめの製品はこの2種類。

三栄水栓製作所「レイニー」(約3000円)
田中金属製作所「ボリーナ」(約1万2000円)

シャワーは水だけでなくガスも同時に消費するから、水量が減ればガス代も下がる。一般的に1分間で使われるシャワーの水量は18リットルと言われているから20分だと360リットルで、この時の水道代は約50円、ガス代は約70円の合計約120円かかるところ、節水シャワーヘッドに換えればシャワー1回ごとに60円も安くなる計算。効果がありすぎて怖い。シャワーヘッドの交換費用なんて一瞬で元が取れてしまう。しかも繰り返しになるけど使用感は同じ。更に一度シャワーヘッドを交換すれば以降はメンテナンスフリーで永遠に使える。

まさにイリュージョン。

LED電球への交換

もう白熱灯を使っている人はほとんどいないと思うけど、万が一まだ使っている人がいればすぐに全てをLED電球に交換してほしい。一般的な白熱灯が60W（ワット）なのに対して、LED電球なら同じ明るさを7W前後で実現してしまう。なんと電力消費は約9分の1でまたもやイリュージョン。技術の進歩って素晴らしい。

60Wの電球を1時間使った電気代が約1・6円なのに対して7WのLED電球ならたったの約0・15円だから、1時間に約1・45円も差がつく。1ヶ月電気をつけっぱなしにした場合、白熱灯だと1152円かかるのに対して、LED電球はたったの108円と激安。LED電球の購入費用なんてすぐに元が取れてしまう。しかもLED電球は白熱灯と比較しても圧倒的に長寿命で、白熱灯の2000時間に対して、LED電球は5万時間も使えるから電球より先に俺が死ぬ。つまり買い替えの頻度が圧倒的に少ないし、買い替えにかかる時間的コストも削減できる。

ちなみに蛍光灯タイプの電球の場合、消費電力は12Wで、寿命は8000時間と性能はLED電球に近い。いずれにせよ買い換えるのがおすすめだけど、元を取るまでの時間は延びる。

窓に気泡シートを貼る

夏場と冬場の電気代はエアコンの使い方によって大きく変わるけど、そのエアコン代は家の保温性、密閉性に大きく左右される。エアコン代が高い人は家の密閉性保温性を見直すのがおすすめ。せっかく部屋を暖めても空気が外に逃げてしまってはエアコンが用を成さない。

例えば、北海道とかの雪国であれば寒さ対策で二重窓構造になっているのが一般的だけど、本州だと二重窓は珍しい。それなら自分で作ってしまえば良い。その最も簡単な方法が梱包材となるプチプチした気泡シートを窓に貼ることで、これによって窓ガラスに空気の層を作り出せば保温性を劇的に高めることができる。魔法瓶と同じ原理。

もちろん見た目は少し貧乏くさくはなるけど、レースのカーテンを閉めればプチプチの存在は気にならないし、外からの視認性も下がるから安心感も高まる。実際窓にプチプチを貼ったことで冬場の部屋の温度が6度上がったという話もあるくらいで、俺も冬場に窓際の椅子に座った時の寒さを感じなくなって明確に効果を実感している。つまり暖房費を劇的に下げることができる。最初の取り付けは面倒だけど、数千円の出費で大きな効果を期待できるからぜひ取り組んでほしい。

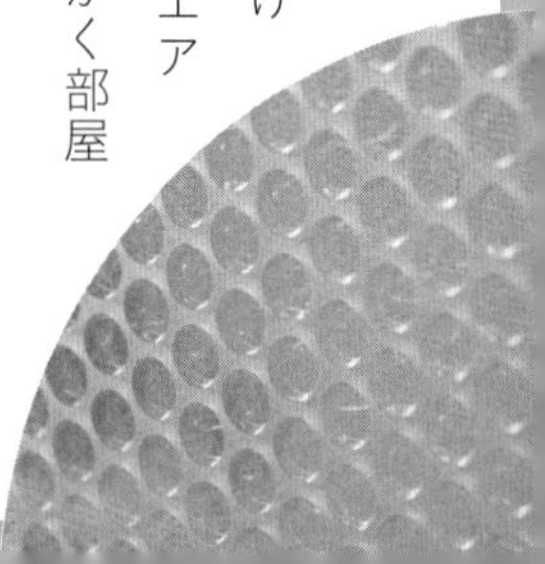

④お得な「制度活用」による節約

次にお得な制度をできる限り活用することで出費を削減する方法を解説する。
これらの制度を使えば可処分所得に少なくとも1％以上の差が出る。
年収300万円なら3万円使える計算。効果は絶大すぎるから必ず取り組んでほしい。
具体的な項目は次の3つ。

- 全ての支払いをクレジットカードに一本化する
- 楽天経済圏を活用する
- ふるさと納税制度を活用する

全ての支払いを クレジットカードに一本化する

現在は多くの店舗がクレジットカードでの支払いに対応しているけど、クレジットカードでの支払いはなんといってもポイント還元が魅力。例えばシェアNo・1の「楽天カード」なら全ての買い物で1%ポイントが貰《もら》えるから単純に1%分可処分所得が増える計算になる。しかも「楽天ポイント」なら「楽天市場」でポイント消費できるほか、QR決済アプリの「楽天Pay」を使えばコンビニとかマクドナルドとかの多くの店舗でも消費可能。他のカードと違ってとにかくポイントを消費しやすく、ポイントがムダにならないのが魅力。ということで生活の全ての支払いを可能な限りクレジットカードに一本化するのがおすすめ。もちろんイチオシのクレジットカードは「楽天カード」だ。

ただ、これを言うとたまに安い金額でクレジットカードを使うのが恥ずかしいと言う人がいるけど、考えが古い。むしろレジの人にしてみれば未《いま》だに手間と時間がかかる現金を出されるほうがいい迷惑。クレジットカードならお会計も一瞬だから回転率も高いし、現金と違って数える手間、運ぶ手間も発生しない。つまり現金は店舗側にとっても意外と厄介な存在なんだ。店舗のためにも現金を使うのはやめてあげてほしい。俺の場合はもう現金を持ち歩くことすらやめていて、100円だろ

うと10円だろうと、あらゆる支払いでクレジットカードを使うようにしている。

クレジットカードは現金と違って管理が楽

更にクレジットカードには支出を管理しやすいもう一つのメリットもある。例えば、現金の場合は自分が使った金額を把握するには全てのレシートを保存して帳簿を付ける必要があるけど、クレジットカードなら全自動。全ての支出がデータで残るから帳簿を付ける必要が無いし、アプリを開くだけで毎月の支出総額も確認可能。使いすぎた月も簡単に原因を特定できるし、定期的に全ての支払いをチェックすればサービスの解約忘れも防げる。総じて管理の手間が減る。クレジットカード支払いはお金が増えるだけでなく手間まで減らしてくれる万能ツールなんだ。使わない手はない。

あと、最近はクレジットカード以外にも電子マネーとかＱＲコード決済とか色々あるけど、それぞれ還元率が微妙に違うから好きに使い分けてＯＫ。ただ、分散しすぎるとポイント消費が手間になる。手間もコストだから、ほどほどがおすすめ。俺は完全に「楽天カード」に一本化している。

楽天経済圏を活用する

「こいつ楽天の回し者だな」と思われてしまうかもしれないけど、楽天の話はまだ続く。それが「楽天経済圏」だ。楽天経済圏のお得度は異常。特に楽天市場での買い物が驚くほどお得で、これを使いこなすか否かで可処分所得は10〜20%も変わる。

「楽天市場」は「Amazon」と並ぶ日本の2大通販サイトだけど、その魅力は圧倒的なポイント還元率だ。これがとにかくやばい。特に5と0が付く日とか、「お買い物マラソン」とかのキャンペーンを駆使すると全商品ポイント還元率10%超えも余裕で狙えてしまう。つまり、全商品10%割引と同じ。しかも楽天市場はなんだって売ってるから、日常の買い物を楽天市場に移行すれば爆発的にポイントが貯まるというからくり。そのポイントは楽天市場での次の買い物で使ってもいいし、楽天Payのコンビニ払いで使ってもいいし、「楽天証券」のつみたてNISAで使っても良いし、「楽天ふるさと納税」で使っても良い。つまりポイントは1円もムダにならない。だから楽天市場を使いましょうね、という話。実際俺の場合はシャンプーとか洗剤、洗顔料等々の食品以外の日用品は全て楽天市場でまとめ買いしてストックしている。

俺の楽天ポイント還元の内訳

肝心のポイント還元率だけど、これは楽天のサービスを使えば使うほど上がる仕組み。例えば俺の場合は標準還元率が5・5％で、その内訳は次の通り。

楽天会員　＋1倍
楽天モバイル　＋1倍
楽天プレミアムカード　＋2倍
楽天証券　＋1倍
楽天市場アプリの利用　＋0・5倍
楽天銀行＋楽天カード引き落とし　＋1倍
楽天ひかり　＋1倍

更に俺は使っていないけど、次の楽天サービスも使いやすくておすすめ。

ここに更に定期的なキャンペーンとなる左記を駆使すると、誰でも余裕で10％を超えられる。驚異的。

5と0が付く日のお買い物　＋2倍
お買い物マラソン　＋最大10倍(最大10000ポイントまで)

この2つのキャンペーンはその都度エントリーしないとポイント還元率が増えないから注意。エントリーのボタンを押してから買い物することを忘れないようにしたい。単純にポイントで10％還元されるということは、300万円だった可処分所得が330万円まで増えることに等しい。その増えた30万円で冷蔵庫だって洗濯機だって買い換えられてしまう。ただ、楽天は還元率が高い分、元値も高く設定されている場合があるから注意。常にAmazon等と比較しながら購入するように心がけたい。

期間限定ポイントの消化に注意

楽天ポイントの注意点として、期間限定ポイントの存在がある。一部の楽天ポイントは一定期間で失効してしまうから消える前に意識してポイントを消費したい。一番ムダのない使用方法は繰り返しになるけど楽天市場での買い物もしくはQRコード決済の楽天Ｐａｙアプリで、これなら全コンビニで使えるから食費として消化するのがおすすめ。その他に楽天ふるさと納税制度でも期間限定ポイントの消費は可能。詳細は次の項目で後述する。

ふるさと納税制度を活用する

お金を節約する方法の最後の項目は「ふるさと納税制度」だ。ふるさと納税制度は使えば必ずお得になる制度だから、ぜひ活用したい。と言いながら実は俺も使い方がよくわからないし、面倒くさそうという理由で2年前までは使ってなかった。でも2年前から使いだして、なぜもっと早く使っておかなかったんだと後悔しまくっている。だから、これを読んだ人は今年からは必ず使うようにしてほしい。

ふるさと納税制度はタダで物が貰える制度

ふるさと納税制度をシンプルに一言で表すならタダみたいな額で物が貰える制度だ。だからやらない手はない。厳密にはふるさと納税した金額から2000円を除いた金額が納税した年の所得税と、翌年度の住民税から差し引かれるから、例えば5万円分ふるさと納税したら翌年の税金が4万8000円安くなる仕組み。つまり実質2000円で色々な物を貰える、という話。

楽天ふるさと納税なら10%超えのポイント還元も受けられる

更にふるさと納税を楽天ふるさと納税サイトで行うとタダ同然で物が貰える上に、

購入金額に応じた楽天ポイントまで貰えてしまう神制度（GOD）になる。ここでのポイント還元率は楽天市場と同じ。つまり、先に紹介した方法を使えば余裕で10％以上の還元を受けられてしまう。

年収400万円ならふるさと納税で年間1万5561円もお得

繰り返しになるけど、世の中は金。どれだけお得になるのかわからないとモチベーションにならないと思うから具体的に計算する。例えば、年収400万円の独身サラリーマンだと下記の通り。

年収400万円の独身サラリーマンならふるさと納税できる金額は4万3905円（楽天ふるさと納税かんたんシミュレーターから引用）で、ふるさと納税の

ふるさと納税可能額は43,905円（年収400万円独身のケース）

43,905円 × 返礼品率30% = 13,171円分の品物

43,905円 × 10%還元（楽天ポイント） = 4,390ポイント

13,171円 + 4,390ポイント － 2,000円（自己負担額） = 15,561円分お得

返礼品は30%が目安だから、1万3171円分の返礼品が貰える。更に約10%の楽天ポイント還元で4390ポイントが貰える。ここからふるさと納税の自己負担額2000円を引くと、1万5561円得するという流れ。

まずふるさと納税をする。後は野となれ山となれ

「でもふるさと納税って面倒くさいんでしょっ?」て人のために手順を説明する。

まず楽天ふるさと納税サイトにアクセスする

←

ページ上部のかんたんシミュレーターに自分の年収などを入力して寄付上限額を算出する

←

その範囲内で楽天ふるさと納税サイトで5と0が付く日に買い物(寄付)をする

これで、ふるさと納税完了。想像以上にチョロイ。とりあえず買えば寄付は完了してしまう。あとは翌年の３月15日までにふるさと納税したことを税務署に申告すれば終わり。

ふるさと納税の申告はスマホで完結可能

ふるさと納税は寄付してもそれを申告しないと翌年の税金は安くならないから必ず申告したい。申告の方法は個人事業主なら例年通り確定申告すればＯＫ。会社員の場合はふるさと納税を簡易的に申告するワンストップ特例制度を使ってもいいし、普通にスマホから申告してもいい。スマホでのふるさと納税の申告に必要な物は３点。

意外と簡単。わからなければ税務署に行けばいい。数時間で１万５５６１円貰え

るバイトだと思えば苦にならないはず。

ふるさと納税のおすすめ返礼品は日用品

ところで「ふるさと納税の返礼品ってろくなものなくない？」という意見は半分正しい。正直、地域ごとの特産品の違いなんてわからないし、モチベーションとして弱い気持ちは大いにわかる。そんな人におすすめしたいのが必ず使う日用品の購入だ。普段使ってる日用品なら絶対にムダにならないし、明確に生活の支出を減らせる。なかでも俺が毎回買っているのが下記のものだ。

- 500ミリ天然水96本12,000円（山梨県忍野《おしの》村）
- 素焼きアーモンド2キロ10,000円（岐阜県大垣市）
- コーヒー豆1.2キロ8,000円（大阪府羽曳野《はびきの》市）
- サバ缶
- ティッシュ
- トイレットペーパー

上3つは、Amazonの価格と比較しても還元率が30％を上回る高コスパ商品だから特におすすめ。下3つは、Amazonの価格と比較すると還元率は30％

を下回るからお好みで購入してほしい。これら全てが自己負担額2000円のみで手に入る。つまり年間の出費を大幅に減らせる。

ふるさと納税の注意点

注意点として、ふるさと納税の上限額はくれぐれも上回らないように気をつけたい。上限額を上回って寄付しても翌年の税金からは差し引かれないから、単純に70%も割高に商品を買うことになる。だから、なによりも上限額を上回らないことが重要。詳細な上限額は各ウェブサイトの「ふるさと納税上限額シミュレーター」を使って調べてほしい。

「家賃」はムダに下げないほうが良い

ここまで色々と出費を抑える方法を解説してきたけど、「え、家賃は?」って思ってる人が多いと思う。確かに家賃は出費に占める割合が大きいから下げられれば絶大な効果を発揮するんだけど、個人的に家賃を下げすぎるのはおすすめしない。

というのも、お金は頑張れば増やせるけど、時間はどう頑張っても1日24時間以上は増やせないから。

だから立地に対する投資を惜しまない意味でも家賃はある程度高くていい。

実際、前の職場でも7万円で新宿に住んでいた同僚が八王子に引っ越して家賃を3・5万円に下げたんだけど、これは悪手。というのも、これによって通勤時間が片道1時間、往復で2時間も増えてしまっていた。月に20日通勤ならば合計で40時間にもなる。

この3・5万円と40時間のどちらを取るかは人それぞれではあるけど、時給換算すると判断しやすい。

例えば今回のケースだと、3・5万円安くするために40時間を失うから、自分の1時間を875円で売った計算になる。自分の1時間が875円より安いと思うなら引っ越せばいいし、高いと思うなら引っ越すべきではないという話。

ちなみに、この同僚はまた新宿に引っ越した。

もちろん電車の中の時間も読書したり勉強したりと有効活用できなくもないんだけど、毎回は無理。

単純に通勤がしんどすぎるし、同じ読書とか勉強をするにしてもさっさと家に帰って集中した方が効率的。

通勤時間で貴重な24時間を削らないためにも立地には拘ってほしい。

逆に言うと、立地さえ良ければ築年数にはそれほど拘らなくても良い。室内洗濯機置場があるとか風呂トイレ別とか最低限の条件をクリアしている最も駅から近くて安い物件を選べばいい。

もちろん、これは一人暮らしの話だからケースバイケース。家族がいるとか広い空間が必要とか地方に住みたいとかの特別な事情があるなら別。

ただ、家賃を下げるためだけに引っ越しをすると人生の限られた時間を失って身動きできなくなる。

お金は増やせても時間は増やせないことを忘れないでほしい。

とりあえず全部試して

収入を増やすのは難しいけど、出費を下げるのは思っている以上に簡単。今回紹介したこと全てを実践すればいいだけ。

これらを知っているだけで年間の可処分所得に10万円以上の差が出るはず。しかも、一度固定費を下げてしまえば以降はノンストレスで無意識的に節約し続けることが可能。

もちろん人によって譲れないポイントは色々あると思うけど、俺はこの全てを実践してきたお陰で月の固定費はここ数年下がり続けている。

なかでも楽天市場の使い方とか楽天ふるさと納税、スマホキャリアの乗り換えが最初は勉強することが多くて大変だけど、よくわからない分野こそYouTubeで調べて解説を見ればいい。俺の動画でもいいし、俺以外にも解説している人はたくさんいる。

実際、俺もYouTubeの解説を見ながら学んだことばかりだし、教えてもらいながら実践すれば意外と簡単にできる。

繰り返しになるけど出費の抑制は、お金の奴隷から解放されて、人生の選択肢を増やすための第一歩なんだ。

特に**節約は今日やれば今日効果が出るから楽しみながら取り組めるはず。**

毎月の出費を減らすことができれば人生の難易度は大幅に下がるし、日頃の出費にも敏感になってムダな買い物も減るから一石二鳥。

まずは1回のランチ代を浮かすところから始めてほしい。

第2章

「時間」のムダをなくして効率化する方法

ここまでが節約の話、ここからが時短の話。

お金を効率化できれば、次はそれを原資に時間を効率化していく。お金に余裕があるなら節約と同時に時間の効率化を進めても良い。

お金の浪費だけでなく時間の浪費にも拘るべき

世の中些細《ささい》な出費は気にするくせに、時間の浪費には無頓着な人が意外に多い。「タイムイズマネー」という言葉は有名すぎるけど、時間を使ってお金を稼いでいるということは時間はお金そのものでもあるということ。だからお金の浪費と同じくらい時間の浪費にも拘るべき。

しかもお金と違って時間はどう頑張っても1日24時間より増やすことができない。

限界が決まっているからこそ時間には積極的に投資すべき。

俺も今現在34歳の2月25日という二度と訪れることのない日をこの本を書くことに費やしているけど、この時間の使い方が本当に正しいのかは不明。その答えは将来振り返った時にしかわからないけど、過去の時間の使い方の結果が今だということは、今後の時間の使い方が未来を形作るのは間違いない。

だから時間の使い方は超重要だし、1日24時間の内の可処分時間を1分でも増やすことに妥協しないでほしい。

この章では、そんな貴重な時間を増やす具体的な方法を解説する。

「自分の時給」を時間に投資する金額の基準にする

お金を時間に投資するのは重要ではあるけど、ならどれくらいのお金を投資するべきかという判断は難しい。

なぜなら、人によるから。

そこで基準にしてほしいのが現在の自分の時給だ。**今現在の自分の時間の価値がわかれば、自分の時間に投資すべき金額もわかる。**

例えば、現在時給1200円で働いているなら自分の30分は600円。20分は400円だし、10分は200円だと計算できる。これが今の自分の時間の価値。

そしてこの場合、30分を時短するために払える金額は600円が限界。700円だと時間の価値以上のお金を支払ってしまうことになる。逆に500円で30分時短できれば儲けもの。時短した30分でまた600円稼げば100円のプラスになる。その内の500円でまた30分を買って、30分でまた600円生み出すを繰り返せば、時間とお金が増え続けるという話。

高所得者ほどタクシー移動が増えるのはこのためで、自分の時給が6000円を上回るなら30分時短するために3000円を払っても収支はプラスになるという考えが根底にある。

つまり自分の時給によって時短に使える金額は変わる。

そして、日頃から自分の時給を意識しながら生活すれば時間を安売りしなくなるし、結果、自分の時給を上げる努力にも繋がる。

繰り返しになるけど、時間とお金は単位が違うだけで同じものなんだ。

ムダな交友関係は時間とお金を同時に失う

時間はお金と同じだからムダな時間を過ごすことはお金を捨てているのと同じ。という考えに基づくのであれば自身の交友関係は一度見直してみてもいいかもしれない。なぜなら人付き合いは自分の貴重な時間とお金を同時に失うから。

その交友関係は本当に必要なのか、自分は参加したいと思っているのか、費やした時間以上の満足感を得られているのかの精査は常にするべき。

とにかく一緒にいるだけで楽しくて仕方が無くて、幸福度がぶち上がる関係なら何を差し置いても参加するべきだけど、俺の経験上そんな集まりは多くない。

これは俺の人間性が歪《ゆが》んでいるのも一因ではあるけど、例えば暇だからなんとなくとか、付き合いで仕方なく、という交友関係ならむしろ無いほうが良い。

どんな交友関係もまずは参加してみないと始まらないし、その時間が自分にとって有意義なものかを見極めるにも時間的な投資は必要。

ただ、既に何回か参加した上で、自分にとって有意義じゃないという結論が出ているのに参加し続けるのは時間のムダ。

極論、その時間で日雇いのバイトでもしたほうがマシ。

もちろん誘いを断り続ければ以前より誘いが減って孤独にはなるけど、その分他の濃い交友関係とか新しい交友関係の開拓に時間を回せるようになる。

つまり未来は明るい。

ムダに群れてもお互いのためにならないし、**自分の時間を大切にするためにはある程度孤独も受け入れる覚悟が必要。**

時間を節約するためになくすべき「5つのムダ」

「じゃあ、なにをすれば良いんだよ」って話になるから、ここからはいよいよ具体的な時短の方法を解説していく。時短解説の流れは次の通り。

①ムダな移動を減らす方法
②お金にならないムダ作業を放棄する方法
③管理を放棄する方法
④食事を簡略化する方法
⑤デバイスをランクアップさせる方法

それぞれをマスターすれば24時間の内の可処分時間は大幅に増えるはず。貪欲に取り組んでほしい。

①ムダな移動を減らす方法

当たり前だけど移動は手間。

移動はあくまで目的までの手段に過ぎないからあまり意識しないかもしれないけど、全ての目的には移動が伴うから意外と無視できない。

実際、ネット通販がこれだけ普及したのは移動の手間を省けるからだし、割高なフードデリバリーの価格に納得するのは移動を代行する料金が含まれているから。

つまり移動には手間と時間とお金がかかっているということを我々はうっすら理解している。それなら、もっとその移動に着目して忌み嫌ってもいいはず。そうすれば手間も時間もお金も削減できる。という発想。

ということで、ここからは日常に潜むムダな移動時間を減らす方法を解説する。具体的には3点。

・職場の近くに住んで通勤時間を削減する
・狭い部屋に住んで移動時間を削減する
・家の配置を見直してムダな移動をなくす

職場の近くに住んで通勤時間を削減する

節約のところでも書いたけど、多くの人にとって通勤は最も人生を縛る時間になる。冷静に考えて職場までのドアトゥードアで1時間は狂気。というのも往復で2時間あればなんだってできるんだ。毎日好きな映画を一本見ても良いし、1年勉強して宅建士、行政書士とかの資格を取っても良いし、筋トレに捧げて別人のようになってもいい。毎日の2時間には無限の可能性があるのに、それを捨てることを仕方ないものとして受け入れてはいけない。

そして通勤通学の時間ほど削減のインパクトが大きい時短は他にないから積極的に削減したい。その最も簡単な方法が引っ越しだ。もちろん立地を良くすれば家賃は上がるし、引っ越し代も必要だから最初に大きな痛みは伴う。それでも時間さえあればその後の人生をどうにでも変えることができる。繰り返しになるけど、毎日の2時間には無限の可能性がある。

俺も23歳で初めて国家公務員として東京に進出した際は月1万5000円の練馬区の公務員宿舎に住む代わりに通勤に往復2時間30分かけていたんだけど、朝8時前に家を出て、残業して帰ってくるのが遅い時だと朝5時。これは「不夜城」と言われる霞が関ならではだから多くの人の参考にはならないけど、この時の俺みたいに平日の睡眠不足を土日で補う生活を送る人は少なくないはず。当時の残業代込みの最高手取り額は約40万円あったけど、当時の俺にそれを使う時間も気力もなく、切実にお金よりも時間が欲しかった。

その後27歳での2度目の東京進出では、1度目の教訓から立地を優先して渋谷駅から歩ける範囲で選んだ。その分家賃は8万円と公務員時代よりも6万5000円も高く、更に水道光熱費と通信費を入れると毎月の固定費は10万円。対して会社の手取りは24万円と、金銭的な余裕はなかったけど、職場までの通勤は自転車でたった15分、往復で30分に収まった。朝9時半に家を出て、遅くとも20時半には家に帰れた。

毎日の自由時間と余力があったから、時間を活かして色々な人と会って情報収集しつつ、多数の副業に手を出したことで今に至る。毎日の2時間には無限の可能性があった。

時間の確保は自分の人生を生きるための第一歩で、お金以上に大切。少なくとも長い通勤時間に縛られている限り、自分の人生を変えるのは難しい。

狭い部屋に住んで移動時間を削減する

次に時短のために意識してほしいのは、狭い家に住むことなんだ。狭い家というと極端な言い方ではあるけど、要は必要最低限の家に住めばいい。意外な盲点ではあるけど、広い家には広い家なりのデメリットがある。その代表格は家賃だけど、実は家の中の各設備への移動時間も思っている以上に負担になっている。

というのも、久しぶりに実家に帰った時にトイレに行くのが面倒くさいと感じたんだ。俺の実家は3LDKと、奈良県という立地の割に広くはないんだけど、キッチン、風呂トイレ、洗面所等の主要設備が全て1階にあるから、2階の俺の部屋から階段を下りて行くのが面倒くさい。「あれ？　広い家のほうが快適だと思っていたのに不便だぞ？」って思った。そういえば俺の東京の家はリビングのドアを開ければ即キッチン、風呂、トイレ洗面所があって、どこへ行くにも5秒もかからない。これが実家なら部屋からトイレまで20秒ほどかかるし、道中にはドア、階段、ドア、ドアと障壁も多い。これを365日何度も何度も繰り返すことになるから馬鹿にならない。職場までの通勤時間を減らすなら、家の中の移動時間も当然減らしたほうが良いはず。もちろんホームパーティーしたいとか家族が増える予定とか人によって事情は色々あるけど、自宅は移動の最小単位だから広すぎず狭すぎず適度が良い。

個人的には一人暮らしなら広くても12畳程度の一部屋でいいし、寝室とリビングは分けなくていいと思ってる。寝室を作ると寝室用の空気清浄加湿器とかエアコン、テレビ、ライトも必要になって色々非効率。部屋を分けなければ全て一部屋で完結するし、家賃も安い上に掃除の手間も減る。一石三鳥。実際俺の部屋がどんな感じかはYouTubeのルームツアーを参照してほしいんだけど、家の間取りはこんな感じ。

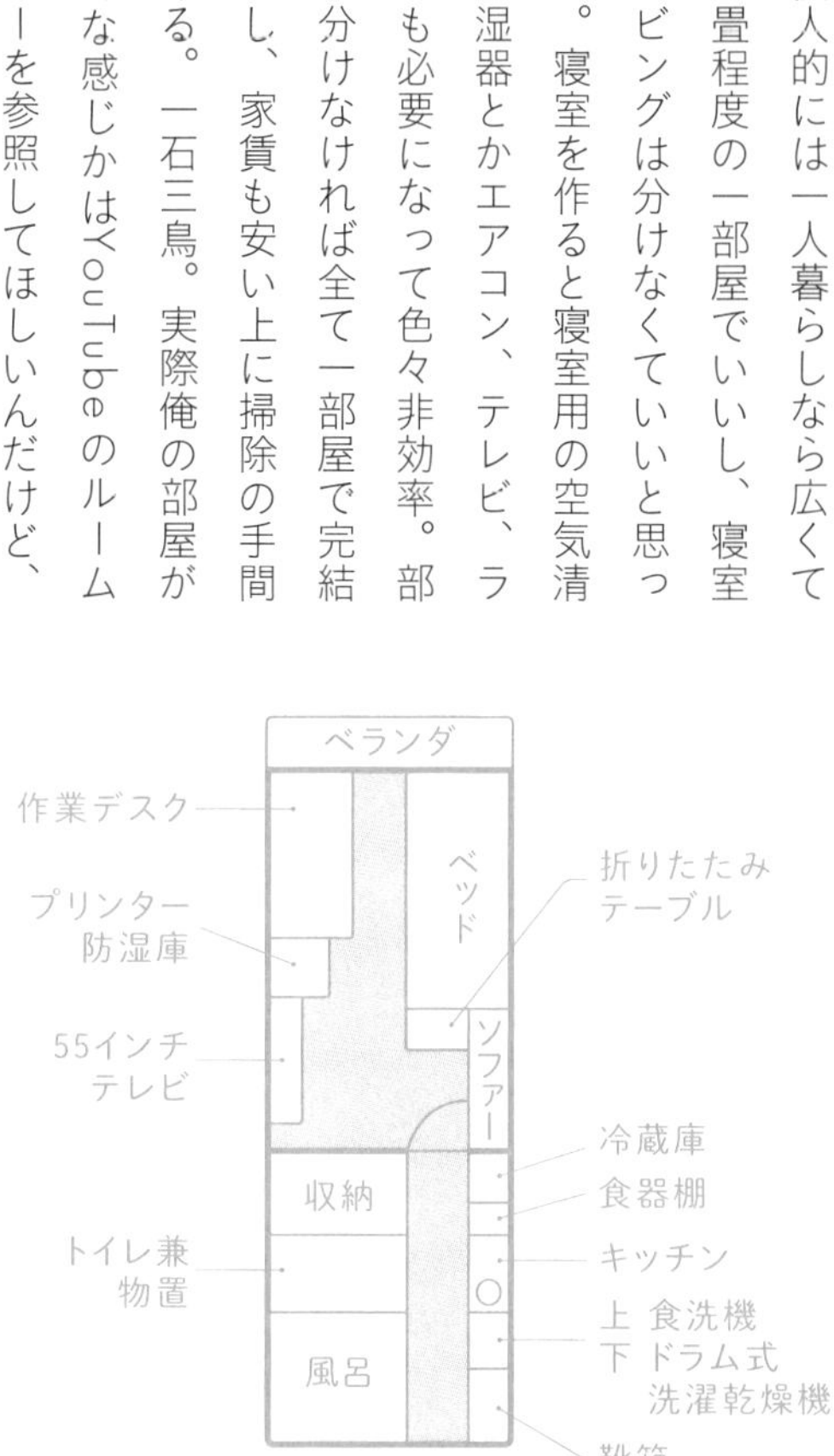

　ここにもう約8年住んでる。さすがに自分でもそろそろ引っ越さないとやばいと思っている。

家の配置を見直してムダな移動をなくす

前に書いた「狭い家に住む」と似たような発想ではあるけど、家の広さだけでなく家の物の配置も少し工夫すれば移動時間の短縮に繋がる。多くの家庭で玄関に靴箱を置くのは玄関で靴を履く人が多いから。

これと同じように家中の物の配置を見直すと些細な効率化ができる。例えば使用頻度の多いゴミ箱とかティッシュ箱は配置を増やせばその分移動を減らせるし、テレビのリモコンはテレビの前ではなくいつも座るソファーの横に置くとか、スマホの充電器をベッドに取り付けるとか、よく着る服ほど取り出しやすい場所に収納するとか。

要は必要な物はなるべく手の届く範囲に配置すればいい。普段の生活で感じる「なんか不便だな」という感覚には必ず理由がある。そこに置いてあるものはなぜそこに置いてあるのか。その理由を分析して導線を意識した配置を心がければより効率的な家を構築できる。本当に些細な時短ではあるけど、ちりも積もれば山となる。

②お金にならないムダ作業を放棄する方法

次に、日常に潜むムダ作業を放棄して時間を節約する方法を解説する。

実は日常には思っている以上にたくさんのムダ作業が潜んでいるんだけど、多くの人が思考停止でムダ作業を継続してしまっている由々しき事態が続いている。

ということで、ここからは家電製品を導入するもの、しないものを含めて省いてほしいムダ作業を解説していく。具体的には4点。

- 洗濯物はドラム式洗濯乾燥機に全て任せる
- 洗濯物をたたまない
- 靴下の柄を揃えない
- ロボット掃除機、食洗機を導入する

洗濯物はドラム式洗濯乾燥機に全て任せる

最も時短できるのは職場近くへの引っ越しだというのは書いたけど、次に時短できるのはドラム式洗濯乾燥機の導入だというのは意外と知られていない。ドラム式洗濯乾燥機はその名の通り洗濯から乾燥までを全自動で行ってくれる導入するだけで人生を圧倒的に有利に進められる魔法の家電だけど、導入率は2021年の段階でまだ34%ほどと高くはない(参考:都道府県別統計とランキングで見る県民性)。

ドラム式洗濯乾燥機を導入すればシンプルに洗濯物を干す作業が人生から消える。このメリットは絶大で、もう濡れた重い洗濯物を運ばなくて良いし、冬の寒空の下で洗濯物を干さなくていいし、洗濯が終わるのも待たなくていい上に、寝る前でも外出前でもスイッチ一つで3時間後には乾燥した清潔な洗濯物が仕上がってしまう。

ドラム式洗濯乾燥機を導入するだけで、導入していない66%の人に簡単に差をつけることができてしまうんだ。こんな便利な家電製品を導入しない理由があるだろうか、いやない(反語)。

だが、実はある。導入コストが高い。ドラム式洗濯乾燥機はセール時でも最低価格で13万円ほどと高価。縦型の洗濯機と比較しても価格に2倍以上の開きがある。だから高くて手が出せない。そう思っている人が多いはず。でも、ここは発想を変えてほしい。時間を買っているんだと。

というのもドラム式洗濯乾燥機が生み出す時間は金額に換算すると圧倒的で、導入コスト分は必ず元が取れる上に補って余りある時間を提供しまくってくれることになる。まさに金で時間を買う最強の選択肢と言ってしまっていい。

例えば1回の洗濯物干し作業に10分かかったとして、週に3回洗濯物を干すとすれば、ドラム式洗濯乾燥機を導入することで週に30分、月に2時間、年に24時間が浮く。これを1000円で時給換算しても年間2万4000円。5年で12万円だから本体代の元は取れる。更に乾燥まで全自動が故に時間帯、天気を気にせず洗濯できるから終わるのを待つ必要もなくなる。つまり完全に洗濯から解放される。干さなくてよくなる時間以上に得られる自由時間は大きくなる。

実際俺は27歳で東京に出てきて4ヶ月目になけなしの給料で11・6万円の型落ちセール品のドラム式洗濯機を導入して以降8年間、一度も洗濯物を干していない。ドラム式洗濯乾燥機に洗濯物を任せられたから俺は仕事に集中できた。まだ導入していない人は明日にでも家電量販店に行って、ドラム式洗濯機を前向きに検討してほしい。

洗濯物をたたまない

ところで、乾燥した洗濯物を無意識にたたんではいないだろうか。そして着る時にたたんだ服をまた自分で開いてはいないだろうか。そんな毎日を送っている時にふと俺は思った。「どうせ開くならたたまなくてよくない？」と。実際、多くの人は誰のためでもないのに服をたたんでは開く日々を繰り返している。考えれば考えるほど意味不明だ。ということで試しに洗濯物をたたむのをやめてみたところ、全く不便にならなかった。なんで俺は今までたたんでたんだろうと自問したけど、答えは見つからなかった。だから全ての家庭に洗濯物をたたまない生活を推奨したい。

やり方は簡単で、服のバリエーションごとに収納の箱をパンツ箱、靴下箱、インナー箱と分けてたたまずに放り込む。箱で分かれていれば取り出すときに困ることもない。着る時は無造作に掴み取るだけで良い。考えてみればパンツとか靴下、インナーは人から見えないから着る柄を選ぶ必要もなかった。着れればなんでも良い。なら選ばなくていいし、たたむ必要もない。皺をつけたくないワイシャツとかジーパンは別途ハンガーに干す必要があるけど、少なくとも靴下、インナー、パンツ、タオル類をたたむのはムダ。これらをやめるだけで洗濯物の負担は劇的に減る。

靴下の柄を揃えない

前項で靴下はたたまなくていいと書いたけど、とはいえ靴下には柄があるから揃えておかないとはくときに手間になると思いがち。ただ、実はそれも必要ない。なぜなら俺が持っている靴下は長いやつと短いやつの2種類しかないから。つまり長いのと短いので分けてそれぞれの箱に放り込むだけで収納作業が終わる。よくよく考えると、靴下なんて靴を履けば見えないんだから柄に拘る必要もなかった。よほどのおしゃれさんでない限り足首の色使いに拘る必要もなく、無難に黒だけはいていても誰も違和感を覚えない。それなら同じ種類の靴下の黒で統一しておけばいいという話。

ということで、俺はこれを実現するために今まで持っていた靴下を一旦全て捨てて、GUで長い靴下と短い靴下それぞれ12ペアを4000円で購入した。これで全ての靴下が同じ柄になったから揃える理由がなくなった。たった4000円でムダ時間とストレスが俺の人生から減った。良い投資だった。

ロボット掃除機、食洗機を導入する

次にロボット掃除機と食洗機を購入して家事労働を削減する。買う話ばかりで申し訳ないけど、痛みが伴うのは最初だけだから歯を食いしばってついてきてほしい。掃除と食器洗いを家電製品に任せて自動化する理由はドラム式洗濯機と同じで、一度買えば以降は無料で時間を生み出し続けてくれるから。長い目で見れば必ず元が取れる。専業主婦と主夫の方々も本書を読んでくれているかもしれないからこう言うのは心苦しいけど、家事はどれだけ頑張っても1円にもならないムダ作業で生産性はゼロ。子育てとか食事は別として、無くせる家事は無くすべき。

ロボット掃除機は「ルンバ」が有名で価格も高いイメージがあるけど、今はAnker製の「Eufy」がAmazonで1万8000円程度で買えるし、これで十分まともに使える。食洗機も5万円も出せばパナソニックの有名どころを購入できる。

問題は一人暮らしでこれらを導入する意味があるのかだけど、実際に導入した俺の実感としては大いにある。ロボット掃除機を毎日シャワー中に使用することで家からホコリが減って靴下の裏が白くならなくなったし、俺がホコリを吸う量も減ったことで体調を崩しにくくなった実感がある。ロボット掃除機も食洗機も確実に俺の時間を増やし、ストレスを減らしてくれている。

③管理を放棄する方法

次に、管理タスクを放棄することで時短に繋げる方法を解説する。

物事を円滑に進めるには整理整頓しておく管理は必須ではあるけど、その管理自体が一つの作業になりがち。

手帳とかを購入した当初は楽しくて色々書いてしまうけど、しばらく使うと面倒くさくなって続かなくなるのと同じ。

あくまでも管理は手段であって目的ではないから管理作業は少ないに越したことはないし、管理しないでいいならそれが一番。ということで、ここからは俺の管理しないための管理術を解説する。

日常生活で無くせる管理タスクは2点。

- 現金の管理をやめる
- 紙の書類の管理をやめる

現金の管理をやめる

現金の管理は意外に面倒くさい。持ち歩くにも場所を取るし、保管するのも取り出すのも数えるのも手間。それなら現金を使うのをやめればいい。単純に全ての支払いを電子マネーに置き換えればお金の管理から解放される。今の時代はクレジットカードからFelica決済からQR決済まで選び放題。現金でしか支払えないお店のほうが少ないから、俺も月の支払いはほぼクレジットカードに一本化していて、自分が使った金額は月に一度スマホアプリで確認するだけで済んでいる。

現金派はキャッシュレスだと使った金額を把握できないとか、貯金額以上に使ってしまいそうで怖いとか言いがちだけど、そんなお金の使い方が下手すぎる人こそクレジットカードで支払うべき。なぜならキャッシュレスなら全ての支出が詳細に記録されてあとで反省できるから。

月末にアプリを見ればいかに細かい支払いが積み重なっているかに気付ける。実際、俺も定期的に出費を見直してはコンビニとかウーバーイーツの利用を反省してるけど、こういう出費は現金だと振り返ることもできない。なぜかお金が貯まらないという人ほど一度クレジットカードに切り替えて自分のお金の使い方を毎月見直す習慣を身に付けてほしい。現金は万が一に備えてお札だけを持ち歩けばＯＫ。

紙の書類の管理をやめる

どうしても年を重ねるごとに保管しとかないといけない書類が増え続けてしまうんだけど、紙で保管しておくと探すのが大変だったり、出先で確認できなかったりで融通が利かない。ということで、書類は全てクラウド上で保管するのがおすすめ。スキャナを持っている人は都度書類をスキャンすればいいし、最悪スマホのカメラで書類を撮影してアップロードしてもいい。

データ化した書類は「Googleドライブ」に保管しておけば必要な時に検索で一瞬で見つけられるようになるし、紛失のリスクがなくなる上にいつでもどこでも書類を参照できるようになる。つまり書類の煩わしさから解放される。実際俺は免許証のコピーから契約書に至るまで全ての書類をGoogleドライブで保管している。

クラウド上へのアップロードで気になるのがセキュリティリスクではあるけど、GoogleとかAmazonのクラウドサービスはセキュリティに厳しい一流企業とか米政府も導入するほどの信頼性を有する。自宅で紙保管するほうがよほど危険なんだ。多くの人がインターネットに抱いている危険なイメージは誤解だから、安心してクラウドで保管してほしい。

④食事を簡略化する方法

次の時短は食事だ。多くの人は1日3食たべるけど、そもそも本当に1日3食とる必要があるのか、1回の食事に1時間かける必要があるのかというのは見直してみても良い。冷静に考えて1食1時間を1日3回というタスクはあまりにも重すぎる。特に一人暮らしの食事は自分のためだけに作って自分だけで食べるから費用対効果が見合ってない。という話をしていく。具体的な項目は次の通り。

・自炊をやめる
・自分の消費カロリーと摂取カロリーを厳密に確認する
・プロテインとスーパーマルチビタミンを導入する
・炊飯器は捨てても良いかもしれない

自炊をやめる

自炊の最大のメリットは食費の安さだ。実は俺も一人暮らし初期は食費を抑えるために自炊したりもしていた。ただ、いくら自炊の食費が安いと言っても最低で200円程度はかかるし、それ以上に手間暇がかかるから時間的な損失が大きすぎてやめてしまった。単純に生命活動を維持するだけの食事なら500円でコンビニ弁当を買ったほうが楽だし、なにより早い。300円の上乗せを嫌って多大な時間を犠牲にするほうがムダだと悟った。しかもコンビニなら食べ終わったらゴミを捨てるだけだから、後片付けの手間も少ない。

ということで、俺は自炊を完全に放棄しつつ1日2食にして食事にかかる時間を最小化した。その2食はコンビニとか外食で適当に済ませて、残りの栄養素はプロテインとサプリで補う生活を2年以上続けている。

食費の安さだけに拘っても続かない

そういえば過去には俺も食費を抑える目的で毎日レトルトカレーと白米というメニューで1日の食費を300円に抑えていたこともあったんだけど、さすがに馬鹿舌の俺でも毎日同じメニューは味に飽きてしまって半年でギブアップした。味に飽きて食が進まなくなるし、米でカロリー摂取するからムダに太るしで、ストレスが上回った。節約の章でも「ストレスと節約はトレードオフ」と書いたけど、この節約はストレスが上回ってパフォーマンスが落ちる悪い例になった。

カロリー計算すれば1日3食は多すぎることに気付ける

ところで食事を2食に減らすと栄養面を気にする人が出てくるとは思うけど、現代人は逆に栄養過多を気にしたほうが良い。具体的にはカロリーを多く摂りすぎている。近年は日本でもメタボ人口が増え続けているように、年齢を重ねるほど摂取カロリー量を意識的に減らさないとすぐにわがままボディになってしまう。これを防ぐには、一度ある程度ざっくりと自分の消費カロリーと摂取カロリーを把握するのがおすすめ。

例えば、成人男性なら1日2000キロカロリー、成人女性なら1600キロカロリーを上回ると肥満に向かうと言われている。もちろんこれは平均値だからケースバイケースではあるけど、多くの人が食事の目安にしている空腹感は虚偽申告が多い。身体が発する空腹感のままに食事を摂ると摂取カロリーが消費カロリーを上回って太りがち。つまり空腹感に囚《とら》われた食事はお金で脂肪を買っているのと同じ。金と時間のムダだ。

男性・女性の基礎代謝

平均エネルギー必要量(kcal)

年齢	男性			女性		
	身体活動レベル			身体活動レベル		
	低い	普通	高い	低い	普通	高い
18~29歳	2,300	2,650	3,050	1,700	2,000	2,300
30~49歳	2,300	2,700	3,050	1,750	2,050	2,350
50~64歳	2,200	2,600	2,950	1,650	1,950	2,250
65~74歳	1,800	2,100	2,750	1,550	1,850	2,100

出展:日本人の食事摂取基準(2020年度版)

自分の消費カロリーと摂取カロリーを厳密に確認する

自分の見た目なんて気にしないという人でもない限りは一度自分が1日でどれだけのカロリーを摂取しているのかを厳密に確認してみてほしい。毎食カロリーを確認するのはムダの極みではあるけど、一度でも厳密に計測すればざっくりと食品ごとのカロリー量を想像できるようになる。大体の1日の摂取カロリーがわかれば空腹だから食べないといけない脅迫感もなくなるし、昨日はどれくらい多めに食べたから、今日はこれだけ少なめでも大丈夫、と具体的な数字をベースに自分の体重をコントロールしやすくなる。

人間は食べれば太るし、食べなければ痩せる

一般的に世の中にいる太りやすい人、痩せやすい人は体質のせいにしがちだけど、実は食事量が圧倒的に多い、もしくは足りないパターンがほとんど。俺も大学に入学して友人と食事をするようになって初めて実家のお茶碗が小さすぎたことに気付いた。この辺り、他人と比較するのが意外と難しいからなかなか自分では気付けないけど、シンプルに食べれば太るし、食べなきゃ痩せるというだけの話。要は消費カロリーと摂取カロリーの計算が大切。

その他は脂肪１キロが７２００キロカロリーとか、タンパク質と炭水化物の１グラムが４キロカロリーで、脂質１グラムが９キロカロリーとか、筋肉１キロの１日の基礎代謝が13キロカロリーだとか、お茶碗1杯の１４０グラムのお米は２３５キロカロリーとか、ランニングは30分で２８０キロカロリー消費するとかの基礎知識を押さえておけば体重管理は意外と簡単にできる。

炭水化物	4kcal/1g
脂質	9kcal/1g
タンパク質	4kcal/1g
お米(お茶碗1杯)	235kcal (140g)
体脂肪の蓄え	7200kcal/1kg
ランニングでの消費	280kcal/30分
筋肉1kgの基礎代謝	13kcal/1日

プロテインとスーパーマルチビタミンを導入する

自分の摂取カロリー量がわかれば、あとはそれを微妙に下回る食事量に調整しつつ、恐らく足りない栄養素となるタンパク質とかビタミン群をプロテインとスーパーマルチビタミンで補って空腹感を満たせばちょうど健康的な食生活になる。プロテインはなんでもいいけど俺がおすすめしているのは「マイプロテイン」だ。マイプロテインなら1食たったの約40円で、1日3回摂取しても120円と激安。

1日のタンパク質の摂取量はトレーニングとか運動の有無でも変わるけど、最低限自分の除脂肪体重×1グラムを目安にするのが良いとされている。

例えば、体重70キロ、体脂肪率15%の俺なら10・5キロが脂肪だから、除脂肪体重は59・5キロ。1日に最低59・5グラムのタンパク質を摂取すれば良い計算になる。

人間の身体は髪の毛から爪、皮膚、臓器に至るまでその主成分はタンパク質だから、タンパク質が足りているかどうかは見た目年齢にも大きく影響する。意識して摂取したい。

炊飯器は捨てても良いかもしれない

自炊の放棄、カロリー管理、プロテインとマルチビタミンの導入を実行すれば食事の回数、食事の時間と食費の3つを削減できる。しかも健康的に。

繰り返しになるけど、食事が人生の大きな楽しみという人はこの限りではないから好きなものを食べることに時間を費やしてほしい。あくまでも生命活動を維持するために食事を摂っている部分は効率化したほうがムダが無いという話。

とはいえ、昼と夜の1日2回も好きなものを食べられれば十分だから、多くの人は2食+プロテインで良いと思う。あと俺はお米を食べるとどうしても体脂肪が増えてしまうから、もう炊飯器は捨ててしまった。

そもそもお米ってカロリーを摂取するための食品だし、成長期を過ぎた大人がメインで食べる必要はない気がした。パン類とか麺類も同じ。炭水化物が主成分だと、どうあがいても食べると体脂肪が増えるから、なるべく食べないように心がけている。多分、一人暮らしに炊飯器は必要ない。

⑤デバイスをランクアップさせる方法

時間を効率的に使うなら道具に拘るのもかなり重要。具体的にはスマホとかパソコンだ。特にスマホはもう現代人の生活とは切っても切り離せないデバイスで、比喩ではなく24時間365日を共にする人生のパートナーだから性能には絶対に拘ってほしい。

スマホの性能は自分の性能に直結すると言ってしまっても過言ではない。

ここからは、特にスマホを中心として拘ってほしい各デバイスとその最低限の使いこなしとなる6つを解説する。

・スマホは使いこなさなくても高性能が正義
・万人の最適解となるとりあえずの「iPhone」
・スマホは売却する前提で買う
・仕事用のパソコンは高性能なものを使う
・デュアルディスプレイ環境を構築する
・フリック入力、タッチタイピングを習得する

スマホは使いこなさなくても高性能が正義

高いスマホの購入に躊躇《ちゅうちょ》する多くの人が口を揃えて言うのは「どうせ使いこなせないから」というフレーズなんだけど、これは大きな間違い。高性能スマホだからといって使いこなす必要は全くない。スマホなんてシンプルに地図を見たり、ブラウザで検索したり、SNSでやり取りするだけで十分。それでも高いスマホが優れているのは、あらゆる動作が速く時短に繋がるからなんだ。例えば、目の前の電車が正解かわからず、急ぎでルート検索をしたい時にその差は如実に出る。性能が低いスマホはまずルート検索アプリを開くのが遅いし、ルート検索アプリの動作も遅い上に検索結果の表示も遅い。低い性能のスマホでもたもたしている間に電車を乗り過ごして時間をムダにしてしまうことになる。別に電車一本逃すぐらい気にならないかもしれないけど、これは氷山の一角。低性能スマホを使っていると、あらゆるところでこれが起こる。低性能スマホは全ての動作で時間がかかるが故に結果の取得が遅く、未来の行動を悪い方向に変えてしまいがちなんだ。

古いスマホを大切に使うのは間違い

とはいえ、多くの人はこの辺りのリテラシーがまだまだ低い傾向で、4年以上前のスマホを使っていることを誇る人までいたりするけど、あれは良くない。物を大切に扱うのは大いに結構だけど、スマホに限っては間違い。日進月歩で高性能化するスマホは少なくとも2年以内には最新端末に買い替えないと他の人との差が開きすぎる。大切に使ってしまったばかりに知らず知らずのうちにハンデを背負う事態になりかねない。

低性能スマホは値段が安い代わりにムダ時間が増えすぎるのが大きなデメリットなんだ。もちろん一つ一つの動作は高性能スマホと比較すると数秒程度しか違わないかもしれないけど、スマホは24時間365日を共にするから小さな差も無視できない。実際、以前友人の「iPhone6s（2015年発売）」と俺の「Galaxy Note20 Ultra（2020年発売）」でLINEアプリが開く速度を比較したところ、iPhone6sは10秒、Galaxy Note20 Ultraは1秒と、9秒もの圧倒的な差が出た。疑う人は一度最新スマホを持っている人と同じアプリを開く速度を比較してみてほしい。多分、買い替えたくなるはず。ちなみに友人のiPhone6sはバッテリーも半日しか持たない。

万人の最適解となる とりあえずの「iPhone」

じゃあスマホはどれを買えば良いんだという話になるけど、よくわからない人はとりあえず最新のiPhoneを買えばOK。現行販売されているiPhoneならどれも性能が良すぎるからどれでもいい。約5万円の「iPhoneSE」でも、約7万円の「iPhone11」でも、約9万円の「iPhone12」でもOK。iPhoneの良いところはその全てで性能に妥協がなく、ライトユーザーからヘビーユーザーまでが快適に使える合格点を超えているところで、とりあえずiPhoneを買っとけば誰でも満足できてしまうところなんだ。しかも種類が少ないから選ぶ手間も少ない。そう思えばお買い得。スマホがよくわからない人こそ、現行販売されているiPhoneのどれかに買い替えてほしい。

逆にスマホに拘りがある人はAndroidの高性能スマホを選べばいい。ただAndroidスマホを選ぶポイントは色々ありすぎるからスマホが好きな人じゃないと購入が面倒くさく感じるはず。参考までに俺は2020年のAndroid最高性能である「Galaxy Note20 Ultra」を使っているけど、値段が約16万円と高すぎるからかなり玄人向けで人にはおすすめできない。普通にiPhone買っとけばいいと思う。個人的には約7万円の「iPhone11」が最もバランスが取れていると思うからおすすめ。

スマホは売却する前提で買う

更に、購入したスマホは将来売却するために大切に使い続けてほしい。できれば落下、水没、紛失等の保険にも入っておくことを推奨する。

というのも現時点の最高性能のスマホは来年も再来年も一定の需要が見込めるから高く売却できるんだ。

例えば、今9万円の「iPhone12」を購入して、2年後に5万円で売れれば手数料と送料を加味しても4万円は手元に残る。つまり9万円のiPhone12を実質5万円で2年間使えた計算になる。定価4万円の低性能スマホだとこうはいかない。2年後の需要も少ないから売却価格も良くて2万円程度と値崩れが激しい。

手数料と送料を加味すると手元には1万5000円しか残らない。

つまり売却価格も加味した実質価格で見るとiPhone12なら5万円、安いスマホなら実質2万5000円程度になる。こう考えると意外と差は小さい。

しかも4万円のスマホだと性能が低いから2年間ストレスに耐え続けることになるのに対して、iPhoneを選べば2年間最高性能を快適に使えてしまう。どちらを選ぶべきかは明白。

つまり高いスマホは使用感と売却価格を加味すると意外と高くない。

但し、最初に言った通り売却に備えて綺麗に使うことが前提な点に注意。できればキャリア保険となる故障サポートには加入しておいて、売却前に有償だとしても新品交換しておきたい。キャリア保険に入っておけば実際に故障したときも新品交換してもらえるから普段遣いでも安心できる。

スマホ売却による個人情報流出リスクは考えるだけムダ

スマホ売却の話になると個人情報がと騒ぐ人が出てくるけど、今のスマホは全てのデータを完全に消してくれる「工場出荷時リセット」を搭載しているから心配しなくていい。

もちろん工場出荷時リセットを実行してもしかるべき施設ならデータを復元できる可能性はあるけど、一般人には無理。

なんなら購入した人がスマホのデータを復元するリスクより家に保管した古いスマホが盗まれるリスクのほうが大きい。

もう一つ言うなら誰もあなたの情報に興味はない。他人の写真とか動画とかやり取りなんて誰も見たくないし、カード情報なんて盗んでも足がつきやすすぎるからリスクとリターンが見合ってない。

しかも売却したスマホのデータを復元される超レアケースを想定しだすと、歩道で車に轢《ひ》かれるリスクとか、明日隕石が落ちて死ぬリスクとかも想定しないといけなくなるから何もできない。

我々は知らず知らずのうちにある程度のリスクを許容して生きているのであってそれはスマホの売却も同じ。気にするだけムダだから気にせず売却してほしい。もちろんなにかトラブルがあっても俺は一切の責任を取らない。

仕事用のパソコンは高性能なものを使う

スマホと同じようにパソコンも性能が作業効率に直結するから、パソコンを仕事で使っている場合はできる限り性能が高いものを購入するのがおすすめ。実際俺はパソコンを13万円のものから24万円のものに買い換えることで写真編集、動画編集の効率が約5倍、つまり作業時間を5分の1まで短縮できた。パソコンほど性能が仕事効率に直結する道具はなかなか無いから、パソコンを仕事で使う場合は性能には絶対に拘りたい。ただ、これはあくまでも自分のパソコンで仕事をしている人に限る。

職場のパソコンの性能が低くて動きが遅い場合は積極的に買い替えを依頼していい。基本的に今のWindowsは8ギガメモリはないとまともに動かないから、4ギガメモリ以下のパソコンを使うのは時間のムダ。職場に依頼してもメモリの増設もパソコンの買い換えもしてくれない場合は転職して良い。パソコンよりも圧倒的に高い人件費を有効活用するためのパソコン代をケチる企業に多分未来はない。

逆に仕事で使わないパソコンは高性能に拘る必要はないから好きなものを購入すればOK。今なら7万円でcore i5と8ギガメモリのノートパソコンが手に入るから無難にそれを購入すればいい。良い時代になった。

デュアルディスプレイ環境を構築する

パソコンを仕事で使う場合はモニタを2枚使うデュアルディスプレイ環境も必須だと思ってほしい。単純にディスプレイが2枚あれば片側で参照しながら片側で作業できるから作業効率が1・4倍になるというユタ大学の研究結果が出ている。作業効率が1・4倍になるということは10時間で14時間分の仕事ができるから、自分の時給が1000円なら4000円分お得になる計算。つまり購入したディスプレイ代の元はすぐに取れる。仕事効率を上げるためにも必ず導入してほしい。

ただ、最近は4Kディスプレイが普及してきたことで、1枚のディスプレイでもフルHDディスプレイ4枚分の作業領域を使えるようになっているから、あえてデュアルディス

（デュアルディスプレイ）

プレイに拘る必要はなくなりつつある。フルHD（1920×1080）のディスプレイ2枚より、4K（3840×2160）ディスプレイのほうが作業領域が4倍広い。

一応、俺の自宅の作業環境は4Kディスプレイと15・6インチフルHDディスプレイのデュアルディスプレイ環境ではあるけど、フルHDディスプレイを使う機会は少ない。しかも4Kディスプレイ1枚のみなら配線もスッキリする。

ちなみに4Kディスプレイを導入する場合ディスプレイサイズは27インチが無難。それより大きいと視点移動が大変だし、それより小さいと字が細かすぎて読めない。


（4KとフルHDディスプレイの作業領域の比較）

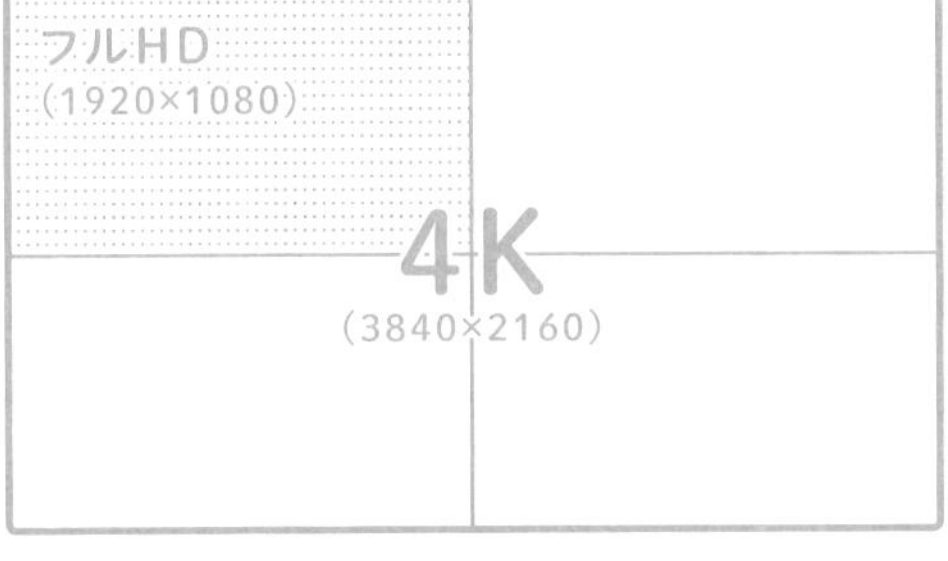

フリック入力、タッチタイピングを習得する

先にスマホを使いこなす必要はないと書いたけど、スマホのフリック入力とパソコンのタッチタイピング(ブラインドタッチ)は必ず習得してほしい。なぜなら作業性と時短に直結するから。最近は音声入力機能の精度が高くなっていて、俺も固有名詞の入力は音声で済ますことが増えてきたけど、考えながら長文を作成するなら手入力のほうが頭を整理しやすい。文字入力はビジネスからSNS、検索に至るまであらゆる局面で必要になるし、文字入力が速いほど同じ時間で入力できる文字数が増えることになる。実は文字入力と一口に言ってもその過程では思考と入力を繰り返していて、文字入力中は思考ができない。だから入力時間は少なく、思考時間を多く確保することが文章作成のスピードに直結する。

今現在スマホでサル打ち(ケータイ入力・トグル入力)している人は急ぎ設定からフリック入力に変更して指先を慣らしてほしい。

あと仕事でパソコンを使っている人は毎日「e-typing」というウェブサイトでタイピングを練習して最低分間200打以上の速度まで上げるのがおすすめ。

ちなみに俺の最高タイピング速度は分間420打で、1秒間に7回打てる計算になる。という自慢。

時間の使い方を選ばないと、人はあっという間に死ぬ

ここまでで時間を増やす手法の解説は終わり。

時間の増やし方は色々な角度から具体的な手法を解説してきたけど、要はやらないで良いことはやらず、できる限り機械に作業を任せて自動化しつつ、人生のパートナーとなるスマホとかの性能には拘りましょうね、という感じ。せっかく現代社会に生きているんだから文明の恩恵をフルに享受したい。

また、ここで紹介した手法はあくまでも俺が34年間の人生で体得した一例に過ぎない。

これらをできる限り取り入れつつ、自分の生活の中でも本当にこの作業が必要なのか、この作業を無くす方法はないのかと思考を巡らせ続けることが大切。

時間の使い方を選ばないと、人はあっという間に死ぬ。

第3章

時間とお金を失わないために「健康」を維持する

ここまでで時間とお金を増やす方法を解説したけど、そもそもの時間とお金は健康な身体があって初めて意味を成す。

身体を壊してしまっては、いくらお金と時間があっても使えないし、身体の故障そのものがお金と時間を失う原因にもなる。だから健康は死ぬほど大切。

ということで、ここからは30歳を超えると鉄板の話題になる健康について、維持する重要性と具体的に俺が健康を維持している方法を解説する。

日本人は健康管理を軽視しすぎている

これは俺の肌感ではあるけど、日本人は健康管理を軽視しすぎている。

その原因は、体調不良を頑張りの勲章として捉える考えがまだ根強いことと、国民皆保険制度で医療費が安すぎることの2点だ。「あの部署は遅くまで頑張ってて偉いねぇ」という中身を見ない残業称賛がまさにそれだし、その上、体調を崩せば病院に行けばいいという安易な考えが蔓延している。

この2つが重なって、体調は崩すまで頑張るものと、日々の体調管理をおざなりにしている人が多い。

言うまでもなく、これは大きな間違い。体調不良はどう考えても百害あって一利なしで、体調を崩すほど頑張る人は自己管理もできない無能であり、体調を崩して仕事が止まるリスクも計算できない馬鹿だ。とアメリカ人は言う。俺は言ってない。だから俺にはクレームを入れないでほしい。

ただ、俺はこのアメリカ人の考えには賛同する。というのも、病院にかかるにもお金と時間が必要だし、病院に行くまでの時間も診察を待つ時間もムダ、更に薬代もムダだし、体調を回復するまでの寝込む時間もムダと、ムダ尽くし。

もちろん、その間仕事は止まるから生産性も落ちる。なに一つ良いことはない。

体調不良は全てを失う諸悪の根源

体調を崩すということは単純に「体調不良で動けなくなった時間 × 自分の時給分」の損失を出すことに等しい。つまり金を失ってるのと同じ。

更に生活リズムが崩れることで、それまで取り組んでいた物事の継続性を失うダメージも大きい。せっかく波に乗りかけていたのに、体調不良に陥ってしまったばかりに波を逃して失敗する事態は避けたい。「継続は力なり」はありきたりな言葉ではあるけど、継続を継続するためにも、体調不良になるわけにはいかない。ちなみに「継続は力なり」という言葉は、厳密には「継続が力なり」が正しい。この世の中に継続せずに上達できるものはない。効率の差こそあれ、単純に時間をかけた人のほうが勝率が上がるシステムになっている。つまり休めば負ける確率が上がる。だから体調管理は大切。

ということで、ここから活動を継続するために健康を維持し続ける具体的方法として、まずは体調不良の原因となるホコリと決別する方法2点から解説する。

・空気清浄加湿器を各部屋に設置してホコリと決別する

・家を清潔に保ってホコリの二次被害を防ぐ

空気清浄加湿器を各部屋に設置してホコリと決別する

最近はほとんどのビジネスホテルで見かけるようになった空気清浄加湿器の健康効果は絶大で、置いて初めてその偉大さに気付くことになる。空気清浄加湿器は導入コストが2万円程度なのに嘘みたいに体調を安定させてくれるし、電気代も1日約2円、年間でも約800円と異様に安い上に10年間も使えてしまう。コストに対して得られる健康効果が大きすぎるから迷わず導入してほしい。

空気清浄加湿器の効果はその名の通り空気を清浄しつつ加湿することで、空気中のホコリとか花粉を除去しつつ湿度を60%に保ってくれる。「それだけ?」って思うかもしれないけど、その効果がヤバい。というのも、実は我々は生活しているなかで目に見えないホコリを吸い込み続けているんだけど、そのホコリにはウイルスを始めとして、花粉やダニ、カビが付着しまくってるから、吸い込むほどに体調不良リスクが高まってたりする。もちろん、ホコリは微細だから空気清浄加湿器を置いたところでゼロにはできないんだけど、絶対量を減らすことは可能。これによって明確に体調を崩しにくくなる。更に、俺みたいな花粉症の人であれば空気清浄加湿器を導入するだけで花粉の季節でも家の中がオアシスになる。つまりティッシュの使用量も減るからティッシュ代も浮く。

ホコリと決別する方法

もう一つ、空気清浄加湿器は部屋の湿度を60%に保ち続けてくれる機能があるんだけど、これも秋冬は置いたその日から驚くほど効果を体感できる。明らかに目、鼻、口の粘膜が乾燥しなくなる。実は乾燥というのは万病の元で、ホコリの吸入口となる喉と鼻が乾燥すると免疫力が低下する上に、空気が乾燥しているとウィルスが飛散しやすくなる。総じて、乾燥していると体調を崩しやすくなるというからくり。毎年冬にインフルエンザとかの感染症が流行るのは湿度の低さが原因なんだ。つまり空気清浄加湿機を置けばホコリを減らしつつウィルスの飛散も減らして、健康を維持しやすくなるというわけ。

とはいえ、乾燥を防ぐために際限なく加湿すれば良いというわけでもない点に注意。よく雑貨屋で見かけるおしゃれな加湿器は永遠に加湿し続けるからカビの原因になる。乾燥を防いで部屋中がカビだらけになっていてはそれがまた病気の元になるので本末転倒。ということでせっかく加湿器を買うならシャープとかダイキンとかの大手家電メーカーが出している、湿度計測機能付きのものを買いたい。大手家電メーカーの加湿器は部屋の湿度を乾燥せず、カビも生えない60%という絶妙な湿度に保つから24時間つけっぱなしにしてもカビない。安心。

家を清潔に保って
ホコリの二次被害を防ぐ

空気清浄加湿器を導入すると同時にシンプルに家を清潔に保つのも健康を維持するには重要。空気清浄加湿器は空気中のホコリは取り除けても、デスクとか布団とか床に堆積しているホコリまでは除去できない。つまり動く度に堆積したホコリがまた舞うし、堆積したホコリに触れた手を経由して身体に入ることでやっぱり体調不良の原因になる。これを回避するため、デスクとか台の上にはできる限り物は置かず飾らず、さっとひと拭きでホコリを除去しやすい環境を保ちたい。

物が置いてあると一度物を動かさないと掃除ができないから億劫《おっくう》になるし、物そのものにもホコリが溜まる。歩く度にホコリが舞う床はロボット掃除機を導入することで毎日清潔に保ちたい。

また、ホコリの発生源となる布団やマットや枕はカバーを頻繁に洗うことで、できる限りホコリの発生を抑制したい。いくら空気中のホコリを除去しても、それ以上にホコリが発生しているようでは意味がない。その点、前に解説したドラム式洗濯乾燥機を使えば乾燥の過程でホコリを飛ばしてくれるから、ホコリの発生も抑えることができる。健康を害する諸悪の根源となるホコリは発生段階から叩《たた》く意識が大切。

「面倒な筋トレ」で免疫力を上げて健康を維持する

健康管理の話を続ける。もう耳タコだとは思うけど、筋トレには明確な健康効果があるからやったほうが良い。という至極当たり前の話をする。筋トレが面倒くさい気持ちはわかる。だるいし楽しくないのもわかる。でも、筋トレをすれば筋トレをする時間以上に健康時間を得られる。だから筋トレは時間への投資だと思って習慣化したい。

筋トレは体温上昇により身体の免疫力を上げる

まず筋トレを始めると体温が上昇して血流が良くなり、シンプルに免疫力が向上する。よくおばあちゃんが言う「暖かくして寝なさい」は昔から伝わる体調を回復させるための知恵だったりする。体温が上がると免疫力が上がって体調を崩しにくくなる。

そして筋肉はそのものが発熱するから、筋肉量が増えれば自然と体温が上昇するという仕組み。冬場にマッチョが半袖姿で歩く異様な光景を目にしたことはあると思うけど、あれは鍛えた筋肉を見せたいだけでなく、単純に筋肉量が多すぎて暑いからという理由もある。

更に筋トレを始めると筋肉をつけるために健康的な食事を意識するようになるし、筋肉は身体のサポーターにもなるから節々のコリとか痛みを和らげてくれるなど、良いこと尽くめ。

問題は最初にも書いた通り筋トレが面倒くさすぎることで、毎週ジムまで行って楽しくもない筋トレをしつつ美味しくもないプロテインを飲むのは苦行以外の何物でもない。だから筋トレは続かない人が多数派。それでも24時間、身体の節々が痛む苦しみとか、病院とか整体に頻繁に通う費用と時間を考慮すると、週2回ジムに1時間をかけたほうがお得だと判断して、俺は泣く泣くジム通いを4年間継続している。

実際、身体の痛みは筋肉をつけると解決することが多くて、首が痛い人は首を、腰が痛い人は腰を、肩が痛い人は肩を強化すると痛みが和らぎやすい。しかも、普段から筋トレをしておけば身体の痛みを予防することだってできる。失って初めてありがたみを実感する。健康を維持するためにも、筋トレは義務だと思って取り組みたい。

筋トレの苦しみを和らげる方法は2つ

そんな筋トレを継続するコツは2つある。

・明るい未来をイメージする
・筋トレ×YouTubeは最強の組み合わせ

明るい未来をイメージする

1つは筋トレによって得たいものを明確にイメージすること。異性にモテたいでも身体の痛みを改善したいからでも何でも良い。

筋トレという苦行をただこなすのではなく、その先の明るい未来を想像すれば現状の苦しみは和らぐ。

もう一つは筋トレ中の辛さを和らげるためにイヤホンでYouTubeを聴くことだ。筋トレは辛いけど筋トレ中暇なのも辛い。それならせめて耳だけでも楽しませることで筋トレ中の暇を無くせば筋トレが少し楽になる。最近だと高品質な完全独立型イヤホンの「Anker Soundcore Life P2」が約5000円で手に入るし、ノイズキャンセリング機能付きの「Anker Soundcore Liberty Air 2 Pro」も約1万3000円と手に入りやすい価格まで落ちてきた。

これを購入して、完全コードレスでYouTubeの聴くだけコンテンツを流せば筋トレ中に退屈しないだけでなく耳で学習までできてしまう。

筋トレ×YouTubeは最強の組み合わせ

２０１９年以降のYouTubeは空前の学習ブームで、数々の専門家が様々な動画を無料で配信してくれている。これを筋トレ中に聴けば健康と学習を同時に進めることが可能。ただ、YouTubeは広告が入ったり、画面オフにできなかったり、筋トレ中に聴くには色々不便と思うかもしれないけど、月額１１８０円の「YouTube Premium」に加入することで広告オフと動画のダウンロード及びバックグラウンド再生(画面オフ時の再生)にも対応する。つまり耳で聴ける最強の学習ツールに早変わりしてしまう。有名な所だと「中田敦彦のYouTube大学」とか「リベラルアーツ大学」「マコなり社長」を聴き続ければ筋トレしながら楽しく歴史とか金融、ビジネスの知識を身に付けることができるし、その他にも歩く図書館と言われる「ひろゆき」とか、不動産と投資の「もふもふ不動産」、世の中の真理を解説する「失敗小僧」、営業ノウハウを解説する「宋世羅の羅針盤チャンネル」などなど、挙げだすとキリがない上に、どんなジャンルでも対応可能。もちろん、俺のYouTube動画も生活改善情報とかスマホ情報を解説しているから参考になるはず。広告がカットされる合計時間を思えばYouTube Premiumの月額１１８０円はむしろ安すぎると思える価格だから、ぜひ試してほしい。

筋トレの効果を最大にする「食事」と「休息」

肝心の筋トレはあまりにも奥が深くてコツとしてシンプルに語るのは難しいんだけど、筋肉が大きくなるメカニズムは筋トレによる筋肉の破壊と食事による回復の繰り返しなんだ。

つまり、筋肉を大きくするには筋トレに適した食事と筋肉を回復させるための時間が絶対的に必要になる。

筋トレはあくまでも筋肉を大きくするためのきっかけに過ぎず、筋トレし続けるだけだと筋肉の破壊ばかりが進んで逆に筋肉が小さくなってしまうから注意。

筋肉を大きくするには、タンパク質をしっかり摂取すること、同じ箇所の筋トレは最低でも72時間のインターバルを置いて回復を待つことを意識しながら取り組みたい。

また、タンパク質の摂取量はトレーニングをするなら除脂肪体重×2〜3グラムを毎日摂取するのが望ましい。

例えば体重70キロ、体脂肪率15%の俺なら除脂肪体重は59・5キロだから、筋肉を大きくしたいなら毎日120から180グラムのタンパク質が必要になる。更に、炭水化物とスーパーマルチビタミンで筋肉合成に必要な栄養素を補うとなお良い。

あと、人によってどこの筋肉をつけたいかであったり、身体の歪み方とか痛む部位も違うから、定期的にトレーナーとか整体師に相談しつつ、自分の足りない筋肉を見極めて補う筋トレをしたい。

また、筋トレは人によって主張が様々で明確な正解がない分野でもあるから、自分の身体の変化を注視しながら自分に最適な筋トレ方法を見つけ出してほしい。

将来の医療費を削減するために自己投資する

ここまで健康維持による医療費削減の手法を解説してきたけど、超長期的な視点で考えるのであれば自己投資による医療費削減もかなりありだ。

自己投資は最初に大きな金額が必要にはなるけど、10年20年のスパンで考えれば必ず元が取れるし、なによりも日常生活のストレスが減る体験はお金には代えられない。自己投資は若くして取り組むほど残りの寿命が長い分お得になるから、早めに実践してほしい。具体的には次の3点。

- ヒゲ脱毛(髭剃り代と髭剃りの時間を削減する)
- レーシック(メガネ、コンタクトレンズ代を削減する)
- 歯列矯正(虫歯、歯周病のリスクを下げて医療費を削減する)

ちなみに俺は全て実践済み。

ヒゲ脱毛に限っては男性限定にはなるけど、その他歯列矯正とかレーシックは万人におすすめしたい。

一つ一つ解説していく。

ヒゲ脱毛
（髭剃り代と髭剃りの時間を削減する）

男性限定にはなるけど、ヒゲ脱毛はヒゲが似合わない人、ヒゲを毎日剃ってる人ならやるのはあり。これも考え方はシンプルで、一生分のカミソリ代金とか髭剃りの時間を考えると遅かれ早かれ必ず元が取れるから。一般的なヒゲ脱毛の価格は12万円から20万円ほどなのに対して、ヒゲを剃るのにかかる時間は1日5分×365日で年間30時間。時給1000円でも3万円だから10年以内には元が取れる計算になる。

ただ、ヒゲ脱毛は思っている以上に時間がかかるから根気との闘いになる。2週間に1回のペースで12回以上通わないといけないし、施術自体も結構痛くて、肌も荒れる。実際、俺も12回通ったんだけど、ある程度ヒゲが薄くなったところで力尽きた。完璧を目指すのは時間がかかりすぎる。ということで俺の場合は顎髭と共存する方向に切り替えて定期的にバリカンで2ミリの長さにカットするに留めている。ヒゲ脱毛は完了してしまうとヒゲが永遠に生えてこなくなるのもデメリットだから、ヒゲが似合うかどうかを判断しつつ、いらないと決断できた場合に実践してほしい。特にヒゲが濃くて青ひげになりやすい人は、青くならない程度まで薄くしてもらうのがおすすめ。2日目の清潔感が全然違う。

レーシック（メガネ、コンタクトレンズ代を削減する）

視力が悪い人は自己投資としてレーシックに手を出すのもあり。レーシックはレーザーで目の角膜を削って視力を回復させる視力矯正手術で、一度やってしまうと元に戻せない不可逆性があるし、目をレーザーで削るから怖いと思われがちだけど意外と安全。

俺も2020年の9月にレーシック手術をしたけど今のところトラブルはなく、視力は片目0・3から1・5になった。

レーシックのメリットもヒゲ脱毛と同じで、メガネ、コンタクトレンズが必要なくなるから長期的に見れば元が取れるというもの。例えば俺が以前使っていたコンタクトレンズの「ワンデーアキュビューモイスト」なら15日分で約2000円だから年間で4万8000円かかるけど、おすすめされたレーシックのプランは最安28万円で、レーシック代は約6年で元が取れる計算。しかもコンタクトレンズが必要なくなるから寝る前に外さなくていいし、朝起きて付けなくていい。

人生の余暇時間が増えるし、万が一監禁されたりとかの緊急事態でもコンタクト無しで視力を確保できる安心感がある。

視力矯正手術と言えば、最近は目の中に永久コンタクトレンズを入れるICL手術も人気で、実は俺も元々はレーシックではなくＩＣＬを受けるつもりだった。ただ、カウンセリングの中でＩＣＬはレーシックと比較して大きな手術になること、ＩＣＬのほうがリスクが大きいこと、レーシックで失明する可能性は絶対にないと言われたことからレーシックに変更した。もちろんリスクは０ではないけど、そもそも元々悪い０・３の視力が更に悪くなったところでダメ元だから影響は少なく問題ないと判断した。

レーシック手術は、受けてから３ヶ月で３度の定期検診に行ってからは完全にメンテナンスフリーで、今後目に異常が出ない限りはもう眼科に行かなくていい。一応ハロー（夜の光が乱反射する）とかグレア（夜の光が眩《まぶ》しく感じる）といった副作用は出ているけど気にならないレベル。

ちなみにレーシックは後述する歯列矯正と同じで医療費控除の対象だから税金対策にもなる。忘れずに申請したい。

歯列矯正（虫歯、歯周病のリスクを下げて医療費を削減する）

歯列矯正は幼少期の家庭の財力を示す銀のスプーンとしての意味合いがまだまだ強い印象ではあるけど、歯列矯正には見た目が良くなるだけでなく、歯を健康に保つ効果もあって、長い目で見るといずれ元が取れる治療でもあるから何歳からだろうと取り組んだほうが良いと34歳で歯列矯正を始めてみて思う。実は、これを書いている今現在は歯列矯正の真っ最中で、今も歯にマウスピースをつけているんだけど、歯列矯正について調べるほど、どうせならもっと早くやっておけばよかったと後悔している。

この本を読んだ人はローンを組んででも歯列矯正に着手することをおすすめしたい。

日本人は30代以上の3人に2人が歯周病

歯列矯正をやったほうが良い見た目以外の理由は、歯を失うリスクを減らせるからなんだ。

歯磨き粉メーカーのシステマによると日本人は30代以上の実に3人に2人が歯周病という由々しき事態なんだけど、歯周病を放置すると歯茎が上がって最終的には歯が抜けてしまうし、それより先に虫歯になって歯を失う原因にもなる。こんな病気に3人に2人がかかってるのが日本の現状であり惨状。今30代の人はこの先歯が抜け落ちるなんて想像もできないかもしれないけど、そのまま歯周病を40代、50代と放置し続ければ遅かれ早かれ現実になる。

歯は1本100万円の価値がある、らしい

「いやいや、歯なんて親知らずを含めて32本もあるんだから1本くらい失ったところで大したことないでしょ」って思うかもしれないけど、失って初めてありがたみを実感するのが健康の残酷なところ。

それは歯も例外ではなく、歯は思っている以上に日常生活の満足度と直結するから馬鹿にできない。

歯を失うと満足に物を噛めなくなったり、滑舌が悪くなったり、力み難くなったりで、今までの日常の当たり前が当たり前じゃなくなってしまう。見た目にだって悪影響が出て、口を開けて笑いにくくなる。

それらを全て加味すると歯には1本100万円の価値があるというのが歯科医師

会の見解らしい。

歯列矯正をすれば歯並びが良くなるから歯のメンテナンス性が劇的に向上して、歯磨きで歯垢《しこう》を除去できる量が増えるし、歯医者のクリーニングでも綺麗にしやすくなる。

もちろん、歯にお金をかけたことで歯への健康意識が向上する影響も大きい。結果、歯周病とか虫歯になりにくくなって歯を維持しやすくなるというからくり。しかも見た目も良くなる。

ただ、問題はその価格だ。

俺も歯列矯正を始めるにあたっては渋谷区の歯医者6軒でカウンセリングを受けてきたけど、歯列矯正は安くても80万円、高いと120万円くらいとお求めやすくない。とはいえ、1本100万円の歯を失うリスクを考えれば安いし、虫歯になって歯医者に通う時間的・金銭的損失を考えれば早ければ早いほど良い。しかも歯列矯正をすると顔も整うらしい。多分異性にもモテる。

ちなみに歯列矯正は医療費控除の対象になる。厳密には医療費控除の対象にはならないけど、歯列矯正の過程で必ず治療行為が必要になるから、結局対象になるらしい。

カウンセリングを受けた6軒の歯医者はどこも「税務署に指摘されたら診断書出すので大丈夫ですよー」との回答だった。

とはいえ、基本的に税務署も指摘はしないんだとか。歯列矯正をするのであれば医療費控除の申請も忘れずに行いたい。

幸福は健康の上に成り立つ

せっかく高額な健康保険料を支払っているんだから、積極的に病院にかかって元を取りたいという気持ちは正直ある。でも、健康保険は元を取れば取るほど自分も不幸になる残酷な制度なんだ。

結局、保険は万が一の多大な支払いを避けるためのものでしかなく、その万が一は無いに越したことはない。健康保険は払うだけに留めて、使わないのが一番幸せ。

「身体は資本」という言葉はありきたりではあるけど、全ての幸福は健康の上に成り立つ。悲しいかな、どれだけお金と時間があっても健康でなければ意味がない。だから、何を差し置いても健康には最優先で投資したほうが良い。

そんな健康維持の効果を実感するために、まずは手軽なところから空気清浄加湿器を室内に置いて効果を実感しつつ、筋トレを並行して健康意識を高めるところから始めてほしい。

第4章

生み出す時間より奪う時間が多い「物」は捨てる

まだ時短の話は続く。家電導入、健康維持の次は、物を捨てることによる時短の節約方法を解説する。最初に断っておくと、俺はミニマリストではない。むしろ便利になるならいくらでも物は増えていいと思っている。ただ、結果的に物を減らしたほうが自分の時間が増えることに気付いてからは、使わないものはなるべく捨てるように心がけている。その意味では、俺もミニマリストなのかもしれない（遠い目）。

意外に感じるかもしれないけど、**物は使わずとも存在しているだけで我々の時間を奪う**。どんなものでも所有する以上は管理の手間が発生してしまうんだ。

まず使わない時に収納したり使う時に出すのが手間だし、更に物を使い続けるためにはメンテナンスが必要で、物そのものを使う時間だって必要になる。

多くの人が使うスマホがその最たる例で、使うだけで時間を消費するし、使うために持ち歩くのも手間だし、使い続けるためには毎日の充電も必要。

このようにスマホに限らず全てのものは大なり小なり我々の時間を消費している。つまり、**物が少ないほど自分の時間は増えるということ**。

しかも物が多くなると、その物を使う以前に探す時間も長くなる。

実際、コクヨ株式会社の調査では、日常的に書類を扱う人が書類の捜索にかけている時間は1日20分にもなるらしい（週に書類を5日以上捜索する有職者1031名を調査）。

これがまさに物が多すぎる状態で、こうなると物を見つけることすらできなくなる。更に、雑多に物が散らかっている視覚的ノイズから感じるストレスも馬鹿にならない。ホテルの部屋が爽快に感じるのに対して、物が散乱する部屋に嫌悪感を覚えるのはこの視覚的ノイズが原因。つまり物は存在しているだけで我々の時間と精神を蝕《むしば》む。

自分の周りは「価値を生み出す物」だけで固める

物が時間と精神を蝕むからといって全てを捨ててしまうと、生活が成り立たない。だから自分にとって必要な物とそうでない物を取捨選択することが重要。

その判断基準は、その物が生み出す価値及び幸福度と、その物が奪う時間及びストレスを天秤《てんびん》にかけて自分にとってプラスになる物だけを残せばいい。そのために一度日常的に使う全ての物が本当に自分にとって必要なのか、存在理由を再検討してみてほしい。

例えば洗濯機を捨てて手洗いするのは、得られる空間に対して、失う時間が大きすぎるからNGという感じ。

一方、飾り物全般は置いても価値は生み出さないけど、毎日の気分が上がるならそれはそれでOK。時間的価値と精神的価値の2つの価値基準をベースに物を取捨選択すればいい。

「捨てるべき物」の3つの基準とは？

じゃあ、一旦物を捨てる方向で考えてみよう。
とはいえ、どういう基準で物を捨てていけば良いんだって話になるから、ここからは俺なりの物を減らすためのガイドラインとなる3点を解説する。

基準① 1年使わなかったものは捨てる
基準② 物は買うと同時に捨てる
基準③ 収納は減らして、いらない物を捨てる

基準① 1年使わなかったものは捨てる

まず、1年間使わなかったものは捨てて良い。春夏秋冬を過ぎるとまた春が来るわけで、「せっかく買ったコート、今年は着なかったけど来年こそっ！」という意気込みはわかるけど、多分来年も着ない。だから捨てる。

これは衣服に限らずなんでもそう。1年使わなかったものは2年目も使わない可能性が非常に高い。せっかくお金を出して買ったものを使うこともなく捨てるのがもったいないという気持ちはわかるけどそういう運命だったと割り切る。もしまた必要になれば、その時買えばいい。そう、それもまた運命なのです(スピリチュアル)。

物の保管に終わりはない

というのも、増え続ける物の収納には際限がないんだ。誰しももっと収納があれば、物置小屋があれば、ガレージがあればと理想は大きくなりがち。テレビ番組とかで出てくる汚部屋特集とかは、だいたいこれ。世の中には「ここトランクルーム？」って家に住んでる人が意外と多い。

重要なのは、はたして自分が払ってる家賃は物を保管するためなのか、それとも自分が快適に住むためなのかを考え直すことなんだ。借りている空間に家賃が発生するなら、その空間に置いている物の保管料もタダではない。

こう考えると、1年間使わなかったものを保管するために広い部屋に引っ越すのは意味不明だ。

俺が9年間6畳1Kの牢屋のような部屋に住み続けられているのも、引っ越した当初より物を減らして快適に過ごせているからに他ならない。つまり、物を減らせば時間とストレスが減るだけでなく家賃も減る。一石三鳥。

基準② 物は買うと同時に捨てる

コレクションが楽しいという気持ちはわかるし、身につける物を変えて気分転換したいという気持ちもわかる。ただ、まだ俺しか発見していない世界の真理をここだけで発表させてもらうと、人間の身体は1つだし腕も足も2本ずつしかない。しかも1日は24時間だし1週間は7日だし、季節は4つしかない。

何が言いたいかというと、我々の物を使うキャパシティには限界があるということ。

毎日がランウェイのパリコレモデルなら365日違う服を着るかもしれないけど、多くの人は精々1週間でローテーションしてるはず。つまり、多くても7着あれば事足りてしまう。

それなのに、なぜか我々は服も靴もかばんも腕時計もキャパシティ以上に保有しまくっている。これは服に限らず、俺ならスマホとかパソコンとかイヤホンとか諸々含む。俺の耳は2つしかないのに、イヤホンは8つ以上ある。これはムダだから今後の俺の課題とする。

例えば「トミカ」のように集めるのが趣味、幸せというのであればこの限りではないけど、多くの人は合理的理由もなく既に足りているものを買い足しがち。

これが人間の性《さが》であり消費を主軸とする資本主義社会のベースではあるんだけど、かといって思考停止するとムダな散財でゴミを買い続けることになる。

なんとかして暴走を食い止めるためには物を買う前に物を捨てるというルール作りが必要。人的キャパシティ以上に物があっても使う機会がないし、なにより保管できる空間には限りがある。だから自分が使いこなせる範囲内の数を決めて、それ以上は増やさないようにすればいい。

つまり、インナー、ニット、パンツ、仕事着、かばん、時計、靴とか**ジャンルごとに必要な数を決めて、新しい物を買う時は古いものを捨てるようにしたい。**

もちろん、捨てるのがもったいないという気持ちにはなるけど、使わないものを保管するほうが家賃がもったいないことにはもう気付いているはず。

買う度に捨てれば物が増えないから空間も圧迫されない。家賃も上がらないし、管理の手間も増えない。

ちなみに俺の場合は頻繁にはき替える靴下、下着は大量にあって、インナーシャツは夏と冬で5着ずつ。その他ニットは3着、ワイシャツが2着、パンツは2種類で4着、アウターは3着、仕事着は普段着ないからなし。かばんは少荷物用、大荷物用、ビジネス用の3種類、靴は普段用が4足、ビジネス用が1足という感じで必要最小限にしている。

基準③　収納は減らして、いらない物を捨てる

繰り返しになるけど、収納に対する欲望には際限がない。物の保管を選択すると、どれだけ空間があ

っても足りなくなって最終的に死ぬ。ということで、収納はできる限り増やさない方向で努力したい。

しかも収納は増やすほど物を入れないといけないという強迫観念に囚われる。収納を埋めるために、いらない物まで保管しているようでは本末転倒。

収納を増やして物を保管するのは、問題を先送りしているに過ぎない。それじゃダメ。闘わなきゃ、現実と。つまり収納は最低でも現状維持。可能なら減らすぐらいで丁度いい。いらない物を減らせば十分可能。

収納は視覚的ノイズでありストレスになる

そもそも収納が視界に入ること自体が実はストレス。これは収納を無くしてみないと気付けないんだけど、可能なら自分の生活空間の中に収納すら見えないようにするのがベスト。そのために物件の収納をフル活用して、なるべくその収納の範囲内に物を収めたい。

とはいえ物件によっては収納が小さすぎたり、そもそも収納がなかったりもする。そういう部屋に住むなら少し高さのあるベッドを購入して、その下を盛大な収納スペースにしてしまうのがおすすめ。

実際、我が家のベッド下50センチは巨大な収納空間になっていて、交換したバイクのマフラーとか電ノコとかの使用頻度が極端に低いけど必要な物の収納スペースとして活用している。

さらに独立したトイレは収納スペースとしても活用できる。

我が家のトイレは手洗い場の上の空間に銀のラックを置いて収納スペースにしていて、ふるさと納税の返礼品とかティッシュ、トイレットペーパー、その他洗剤とか日用品のストックを保管している。更にコードレス掃除機もトイレで保管していて常に充電している状態。トイレは地味にコンセントを備えたドア付きの空間で、一人暮らしの収納スペースとしては最適なんだ。

そして、トイレを収納スペースとして活用するためにも、ユニットバスではなく独立したトイレの物件を選択したい。

注意点として、よくオシャレな賃貸部屋の写真に本とかレコードとかカメラとかを飾っている謎の棚があるけど、あれは収納のようなオブジェであって収納ではない。

素人が挑戦しても生活感で溢れる雑多な物置になりがちだから、おすすめしない(体験談)。素人は素直に物を見えないように収納して部屋をすっきりさせるのが無難。

「なくていい物」を捨てる

あと、家の中にある無くてもいい物はどんどん捨ててほしい。

「なにを当たり前の話をしているんだ」と思うかもしれないけど、落ち着いて聞いてほしい。実は、我々の家にはよくよく考えてみると、なくてもいいものが溢れている。

ということでここからは実際に一般的な家庭にはあるけど俺の家にはない、実は必要なかったものを紹介していく。

もちろん、あくまで参考程度でケースバイケースではあるけど、これを機に日常的に家に置いている物が本当に必要なのかを見直すきっかけにしてもらえれば幸いだ。

いらないものはそれぞれジャンルごとに分けて解説していく。

①お風呂場のいらないもの
②トイレのいらないもの
③キッチンのいらないもの
④洗濯でのいらないもの
⑤リビングのいらないもの
⑥ガジェットのいらないもの
⑦衣服のいらないもの

身体を洗うタオル

幼少期はなぜかハンドタオルで身体をゴシゴシとこすっていたけど、よくよく考えると、こすらないといけないほど人間の身体は汚れない。

特に毎日お風呂に入る日本人ならお湯で流すだけでも十分だし、こすると逆に肌を傷める原因にもなる。

ボディソープまたは石鹸で身体を撫《な》でる程度で十分だから、身体を洗うためのタオルはいらない。

お風呂の排水口の蓋《ふた》

お風呂の排水口は髪の毛が溜まって地獄になりやすい場所ではあるけど、排水口が地獄になるのは蓋をして隠しているからでもある。

定期的に排水口の蓋を開ける恐怖を味わうくらいなら、普段から蓋を外しておいて溜まる髪の毛を毎日視認しつつこまめに掃除すればいい。

排水口に蓋がなければ清潔に保てる。だからお風呂の排水口の蓋はいらない。

バスタオル

お風呂を出る時はバスタオルを無意識的に使ってしまいがちだけど、このバスタオルはサイズが大きすぎる。特に髪の短い男性にあのサイズは絶対にいらない。使い終わったバスタオルが全然濡れてないという経験をした人は少なくないはず。かといって洗わずに連日使うのは不衛生で気になる。それなら無くしてしまえばいい。

バスタオルは自宅で洗うにはサイズが大きすぎるし、洗濯物を圧迫しすぎる。やたら洗濯物が多いなぁと思う人は、バスタオルを捨てれば解決する。

俺はお風呂を出る時はまずハンドタオル1枚で身体と頭を拭いて、2枚目のハンドタオルを頭に巻いて出てる。これで十分だし、これなら洗濯物の量も少ない。

バスマット

バスマットもバスタオルと同じ。

バスマットはお風呂場の外に敷くために存在するマットだから思考停止で敷いてしまいがちだけど、湿ったタオルを地面に置き続けるのは単純に不衛生。

身体を拭いたハンドタオルをお風呂場の外に置いてその場しのぎのバスマットにすればいい。ハンドタオルは毎回洗うから清潔だし、ムダな洗濯物が増えないから楽。バスマットはいらない。

❷トイレのいらないもの

トイレマット

トイレマットは尿を保管してるだけの不潔な布で、そもそもの目的が不明。

どう考えても、トイレマットが無いほうがトイレ掃除もしやすい。トイレの床に汚れがあればトイレットペーパーをくるくる巻いて水に濡らしてそれで拭きとればいいだけ。

トイレットペーパーはトイレの中で流せるし、極めて衛生的。尿飛びを前提としているトイレマットを敷くくらいなら、家庭内の全ての男性に座って用を足すように教育を施せばいい。座れば尿は飛ばない。

つまり、尿を保管するトイレマットもいらない。

トイレブラシ

トイレ掃除はトイレハイターとかの、サッとひとふりして15分放置すれば掃除が終わる洗剤が多数あるからその類を使う。

トイレハイター系なら便器の奥の黒ずみまで完全に除去してくれるから、ブラシより清潔になるし楽。

便器に触れる不快感も無いからストレスも少ない。このご時世にトイレブラシでトイレを掃除する意味はないから、いらない。

キッチン 排水口の蓋

洗い場の排水口の黒いゴムの蓋も存在がムダだから使うのをやめたほうが良い。

理由はお風呂場の排水口の蓋と同じ。

蓋をするから地獄になる。

蓋をせずに毎日確認すればマメに手入れをするから清潔に保てる。

排水口にはコンビニとか100円ショップで売ってる排水口ネットを取り付けて、それをこまめに替えればいい。

キッチン排水口の蓋は賃貸を退去する時に備えて保管しておけばＯＫ。

三角コーナー

よっぽど手料理を作る人でもない限り三角コーナーは必要ない。

三角コーナーはゴミ箱とキッチンの間を中継しているだけの存在だし、それ自体が汚れるから掃除の手間もムダに発生する。

シンプルにゴミは直接ゴミ箱に放り込めばいい。

一応、三角コーナーには捨てる前に生ゴミから水気を切る役割があるけど、生ゴミの量が多くない限りは排水口ネットで十分代用できる。

三角コーナーを使うくらいなら、毎回排水口ネットを交換したほうが楽。

そもそも一人暮らしなら料理はしないほうが良いから、生ゴミも殆ど出ない。つまり三角コーナーはいらない。

炊飯器

前述の通り、米は栄養素があまりにもカロリーに偏りすぎ。

成長期の少年少女ならともかく、30歳を超えて米を主食にし続けるとカロリーオーバーで太る。そんな米を食べ続ける必要があるだろうか、いやない(反語)と冷静になって俺は炊飯器を捨てた。

しかも全く困っていない。そもそも米を食べるというのが思考停止だったたと気付かせてくれた処分品。

炊飯器の処分を食事の栄養素を見つめ直すきっかけにしたい。

物干し／洗濯ばさみ

本書では何度も登場しているドラム式洗濯乾燥機を導入すると物干しも洗濯ばさみも必要なくなる。

洗濯物を干さないなら、干すための道具もいらない。急ぎドラム式洗濯乾燥機を購入して洗濯物を干すというムダ作業から解放されてほしい。

柔軟剤

実はドラム式洗濯乾燥機を導入すると柔軟剤も必要なくなる。

ドラム式洗濯乾燥機は乾燥の過程で衣服に空気をあてるから、縦型洗濯機よりも衣服がふっくらと仕上がるのが特徴。

乾燥機で乾燥したタオルが驚くほどふかふかになるのは、これが理由。つまりドラム式洗濯乾燥機なら柔軟剤は必要ない。

急ぎドラム式洗濯乾燥機を購入する方向で検討したい。

ちなみにドラム式洗濯乾燥機での柔軟剤の使用は乾燥機能が壊れる原因になるからおすすめしない、と壊れた乾燥機能を修理してくれた業者が言ってた。

壁掛け時計・カレンダー

時間もカレンダーも既に一人1台保有しているスマホで確認できるし、なんなら腕時計でもテレビでもパソコンでも時間と日付は確認できる。

俺は普段家にいる時は、外用の腕時計を壁に掛けて壁掛け時計としても活用している。世の中には時計が溢れすぎているから、もう専用の壁掛け時計はいらない。

スリッパ

自宅のスリッパは全くもって意味不明。普通に靴下で良い。

わざわざ脱ぎ履きがめんどくさく、メンテナンス性も悪いスリッパを常用する意味がどこにもない。

靴下なら洗うのも簡単だし脱げてしまうこともない。そのまま靴も履けるし合理的。寒い時は靴下を2枚はけば解決する。

スリッパはいらない。

ダイニングテーブル

二人暮らし以上は別として、こと一人暮らしに限っては意外とダイニングテーブルはいらない。

一人の食事に大きめのテーブルは必要ないし、テーブルが部屋に存在しているだけでそれなりの場所を占有することになるから邪魔だし、ホコリを溜めるだけの存在になりがち。かがまないと使えないようなローテーブルなんかはもう意味不明。

一人暮らしなら精々食事の時に使うための折りたたみテーブルがあれば十分。折りたたみテーブルなら使わない時は畳んでおけるから狭い部屋でも場所を取らない。もしくは作業用のデスクで食事をとればいい。少なくともダイニングテーブルはいらない。

布巾

布巾は雑菌の温床。布巾でテーブルを拭くとテーブルに雑菌を撒《ま》き散らすことになる。

テーブルが汚い時はウェットティッシュもしくはティッシュを数枚取って水で濡らして拭けばＯＫ。

たまに使い捨てのティッシュを使うのはもったいないという人がいるけど、冷静に考えるとティッシュは5箱198円とかで死ぬほど安い。つまりティッシュに対する節約意識は別の場所で活かしたほうが良い。

わざわざ汚い布巾を時間をかけて洗って再利用するより、清潔なティッシュをがんがん使い捨てたほうが効率的。

ということで、布巾はいらない。

カーペット

カーペットもバスマット、トイレマットと同じ理由でいらない。単純に不衛生。カーペットそのものがダニとホコリの温床になるだけでなく、ホコリの発生源にもなる。更に、何かをこぼした時のリスクも跳ね上がる。液体なんてこぼしたら後始末だけで20分から30分を取られてしまう。

そんな爆弾をわざわざ家の中に置いておく理由がない。足が寒いなら靴下を2枚はけばいいだけの話。

カーペットはいらない。

置きモノ・飾り物

置きモノ・飾り物を置いて部屋をオシャレに演出したい気持ちはわかるけど置きモノ・飾り物は単純にホコリの温床になるし、掃除の際も一度どかさないといけなくなって手間が増えるからおすすめしない。

もちろん見るだけで気分が上がる、幸せになれるような置きモノ・飾り物なら話は別だけど、大半のものは飾っても数日で見慣れるから何も感じなくなる。

ただホコリを溜め続けるだけ。それなら無いほうが良い。

本・雑誌

そもそも本・雑誌は場所を取りすぎる。

紙によほど拘りでも無い限りは電子書籍のほうが良い。電子書籍なら保管スペースもタブレットが1台分で完結してしまう。なんならスマホでも良い。

しかも新書は紙よりも安いし、特に雑誌に至っては月額たった440円(税込)の「dマガジン」で500誌以上が読めてしまう。

わざわざ重くて高くて場所を取る紙の本を家の中に保管しておく意味がない。

現物の本・雑誌はもういらない。

扇風機・ヒーター

扇風機・ヒーター等は意外といらない。全てエアコンに一本化してしまえば解決する。特に冬場に使うヒーター系は熱効率が悪く光熱費が爆発的に上がる原因にもなるから急ぎ処分してほしい。

エアコンと言えば電気代が高いイメージがあるけど実はそうでもないどころか、エネルギー効率はエアコンが最も高かったりする。電気ストーブが電気を熱に、石油ストーブが石油を熱に変換するのに対して、エアコンは室内と室外で熱を交換しているだけ。熱を作らないからエネルギー効率が高い。

特に最近のエアコンは省エネ化が進んでいて、24時間つけっぱなしにしても電気代は思っている以上に安い。実際、俺も12月から2月まで24時間体制で室温を20度にしていたけど、一部屋の我が家の月の電気代が5000円を上回ることはなかった。

夏も同じ。わざわざ扇風機を置くよりもエアコンで快適な室温に維持したほうが場所も取らないしストレスも少ない。冷暖房はエアコンだけでいいから扇風機・ヒーターはいらない。

DVDプレーヤー

DVDは既にビデオオンデマンド(VOD)サービスが主流になっていて、そもそもDVDを使う機会がかなり減っているからいらない。

新しい映画を観たければまず「Netflix」を探して、そこになければ「アマゾンプライムビデオ」で有料でレンタルすればいいだけ。わざわざ借りに行くまでもなく家の中で全て完結してしまうし、画質もブルーレイ並みで綺麗。レンタルの価格もTSUTAYAとかGEOより僅かに高い程度でしかないから、借りに行く時間、返却しに行く時間、延滞料を取られるリスクを考えてもDVDを借りるメリットはもう無い。

それでもお気に入りの映画は購入して何度も観たいという人はパソコン用の外付けDVDドライブを使えばいい。ネットなら外付けDVDドライブは2000円、外付けブルーレイドライブでも7000円程度と安い。

パソコンをテレビに接続すればテレビ出力だってできる。DVDを見るしか能がないDVDプレーヤーは、やっぱりいらない。

DVD・ブルーレイレコーダー

テレビ番組を録画するためのＤＶＤ・ブルーレイレコーダーも、もういらない。最近のテレビは外付けＨＤＤを取り付ければテレビ番組を録画できるものばかりで、わざわざ録画のために別の機器を購入する必要がない。しかも、外付けＨＤＤならネットで3テラ1万円程度と激安。テレビ付属の録画機能ならテレビのリモコンで完結するからレコーダー用のリモコンがムダに増えないのも嬉《うれ》しい。

録画機能付きのテレビは録画機能が壊れた時に困るという人がいるけど、それでもレコーダーのためにテレビをもう1台買えるくらいの金額を出す理由にならないし、壊れるとしても外付けＨＤＤだから交換すればいいだけ。

唯一、地上波をメディアに書き出しできないのがデメリットではあるけど、大半の書き出されたメディアはどうせ見られない。だからＤＶＤ・ブルーレイレコーダーはいらない。

ラジカセ・コンポ

これもＤＶＤの流れと同じ。

既にストリーミングサービスが主流になりつつあるから、音楽によほど拘りがある人でもない限り、ＣＤを購入してラジカセ・コンポで再生する必要がない。

音楽は「Spotify」とか「YouTube Music」「Amazon Music」で再生して、それをBluetoothスピーカーに飛ばせば良い。

わざわざCDを入れ替えるまでもなく、最新の曲を再生し続けてくれるから楽。

ラジカセ・コンポはもういらない。

タブレット

タブレットはスマホとパソコンの中間に位置するデバイスではあるけど、帯に短し襷《たすき》に長しで思っている以上に使いにくい。せっかく「iPad」を購入したのにほとんど使わず家でホコリを被っているという人も少なくないはず。

それもそのはず、タブレットはスマホを大きくしただけのデバイスだから、手元のスマホからわざわざタブレットに切り替える理由に乏しいんだ。

かといってパソコンのように文章作成とか編集が得意というわけでもない。ということでタブレットに関しては電子書籍として使うとか、映画をスマホじゃなくて大画面のタブレットで観たいとかの明確な目的が無い限りは使いこなせないからいらないと、過去に3台タブレットを売却して感じる。

スーツ

毎日仕事でスーツを着るでもない限り、スーツは1着あれば十分。俺は営業時代、毎日スーツを着ていたから5着をローテーションしていたけど、ブロガー・YouTuberになってからはスーツを着る機会が完全に無くなってしまったから全て捨ててしまった。

これは極端な例ではあるけど、スーツを着る仕事でもない限りスーツは冠婚葬祭用に黒が1着あれば十分。

2着以上のスーツはいらない。

パジャマ

寝る時はTシャツとパンツまたは部屋着を着れば良い。

寒ければ部屋着のまま寝ればOK。

わざわざパジャマに着替える必要が無いから、いらない。

洋服のバリエーション

洋服のバリエーションも実はいらない。

洋服で重要なのは着ている服が似合っているか否かであって、毎日違う柄の服を着ることではない。だから、パンツ、ジャケット、シャツなど3種類程度をローテーションして日々微妙に違うコーディネートになれば必要十分。スティーブ・ジョブズのように毎日同じ服装でも良い。

服を選ばなくなればその分、頭のリソースを別の判断に使えるようになるというのは有名な話。億万長者が毎日似たような服ばかり着ている理由はこれ。

毎日同じ服を着るのは恥ずかしいという固定概念を捨てると、服の悩みが大幅に減る。似合っていれば毎日同じ服でも誰も気にしない。

オシャレが好き、服が好きという人でもない限り、服のバリエーションは少なくても良い。

「物の保有にはコストがかかっている」ことを忘れない

物を捨てる話はここまで。

繰り返しになるけど、物の保有にはコストが伴う。

物は存在しているだけで家賃がかかるし、収納、捜索、引き出し、使用、メンテナンスの全てに時間がかかる。

更に物は視界に入るだけで視覚的なストレスの原因にもなる。ということに物が無くならないと気付けない。

これが怖い。

散らかった部屋に住む人は無意識的にストレスを感じ続けるし、時間とお金を失い続ける。だから、できる限り自分が関わる物の総量は少ないほうが良い。

一昔前は物の多さが豊かさの象徴とされていて、とにかく空間を物で埋めるのがステータスとされていたかもしれないけど、物に溢れる現代は空間を空間として使うのがトレンドになりつつある。

時間を生み出す物、気分が上がる物だけを厳選して自分の周りに置いていけば、自分のパフォーマンスを100%発揮しやすい空間が出来上がる。

ということで、まずは心を鬼にして1年使っていない物・飾り物を捨てるところから始めてほしい。

第5章

ムダのない「情報」の集め方

ここまででお金を節約できて、自分の時間も増やすことができれば、いよいよ情報取得の見直しに入る。

もちろん節約と時短と同時に進めてもらっても良い。

情報取得を見直すと言っても、多分多くの人は既に社会人の嗜《たしな》みとしてテレビ、新聞、スマホアプリのいずれかで日々のニュースをチェックしていると思う。現代社会は情報戦で、溢れる情報をいかに早く多く取得できるかが社会人の優劣を決めると思われがちだけど、それは間違い。

現代社会は情報で溢れるが故に自分に必要な情報だけを取得する取捨選択が重要になる。物と同じ。

ということで、ここからは自分のやりたいことを見つけるために、現代社会を取り巻く情報の荒波を乗り切る方法を解説する。

「やりたいこと」を見つけられないのは「知らない」から

多くの人がやりたいことが見つからない、自分が何をやりたいのかわからないと悩むのは、**溢れるゴミ情報を掴みすぎて自分に必要な情報を取得できていないから**なんだ。

そりゃ毎日政治家・芸能人の不祥事とか事件・事故など、他人にばかり詳しくなっても自分の人生が好転するはずがない。

自分がやりたいことを見つけたいのであれば、誰よりも自分にスポットライトを当てた情報収集を意識する必要がある。というのも、自分のやりたいことは多くの場合、自分の悩み、憧れ、経験といった知識がベースになるから。牛丼を食べたくなるのは食べたことがあるからというのは序章にも書いた通りだけど、まずその物を知覚しないと欲求にはなり得ないんだ。

とはいえ、どの情報が自分のやりたいことに繋がるか分からないのが難しいところ。それ故に自分のやりたいことを能動的に見つけることはできない。

皮肉にも自分のやりたいことは受動的にしか見つけられないんだ。つまり、我々にできるのは、情報源を厳選して少しでも自分の役に立つ情報を取得できる可能性を上げるのみ。そしてそれは少なくとも政治家・芸能人の不祥事とか事件・事故からは得られないはず。だから情報収集の手段は思っている以上に重要なんだ。

更に、人間の脳の記憶容量には限界があることも忘れてはいけない。人によって多少の差はあれど、我々が記憶できる量には限りがある。その容量をどう使うかが未来の行動を変えるから、情報量が多ければ良いってものでもない。

つまり、自分がやりたいことを見つけるには、いかに優良なアンテナを長時間張り続けられるかがカギになる。

他人に詳しくなっても自分の人生は変わらない

優良な情報をどうやって取得すれば良いのかという話をする前に、まずなにをしてはいけないのかを解説する。

端的にワイドショーを見るのはやめたほうが良い。なぜなら99・9％が役に立たない他人の話だから。極端ではあるけど、たとえテレビで散々放映された民主党の政権交代を俺が知らなかったとしても、多分俺の人生は今となにも変わらない。そして多くの人もそうだと思う。それくらい日常的に取得しているワイドショーは我々の行動には影響を与えていない。

つまり役に立っていない。

社会人の嗜みとして世間で今何が起こっているのか、世間のトレンドはなんなのかを把握しておくべきだという謎の同調圧力はあるけど、よくよく考えてみると知ったところで意味がない。他人の不幸に一喜一憂するより自分の未来を変える情報取得を意識したい。

大きなニュースは取りに行かなくても向こうから来る

とはいえ、世間のことを全く知らないというのも極端すぎる。

例えば消費税増税とかコロナ給付金は大きいニュースながら、自分にも関係はあるから知っておいたほうが良い。

意識したいのはその割合で、多くの人は取得する殆どの情報が自分に関係のない情報になっているのが不味いという話。

この割合は逆のほうが良くて、世間のニュースは多くても2割程度でいい。残り8割はできれば自分に役立つ可能性のある情報を取得したい。

でも実際それは不可能。なぜなら世の中はどこを見ても他人のニュースで溢れているから。どれだけ情報源を厳選しても他人のニュースは必ず入ってきてしまう。

今の時代はTwitterでもLINEでもヤフーでも街中の電光掲示板でもあらゆる場所でニュース記事が掲載されていて、大きなニュースに気付かないほうが難しいんだ。

つまり、**世間のニュースは自分から取りに行くまでもなく勝手に来る。**だから自分は自分のための情報取得にだけ集中しておけばいい。

Twitterで「今の自分」のための情報を確保する

自分のための情報には、今の自分の仕事に活用する情報と、将来の自分のやりたいことに繋がるかもしれない情報の2種類がある。

人生をワクワクさせるためには後者の情報も重要ではあるけど、一番重要なのは今の生活基盤を安定させる前者の情報だ。今あっての未来だから、未来のために今の地盤を固めることも大切。

そして俺が知る限り、自分の守備範囲を網羅する情報を最も効率的に獲得できるツールがTwitterなんだ。

例えば俺の仕事はブログ・YouTubeでスマホの最新情報を発信することだけど、アウトプットするためにはまずインプットが必要で、そこでTwitterが役に立つ。

Twitterで俺がフォローしているのはスマホに詳しい人ばかりで、その人達がスマホの最新情報をいち早く呟いてくれるし、新しいスマホの性能・カメラの比較まで含めて、Twitterを開けばスマホに関する最新情報は全て網羅できるようになっている。

俺は情報を取得しようと意識するまでもなく、楽しみながらTwitterをダラダラ眺めているだけでスマホ市場の最新情報をざっくり網羅できてしまうという構造。

一昔前は有力なウェブサイトを毎日チェックするのが最良の手段だったのに、今はそんなウェブサイトの更新情報すらもTwitterで呟かれる状況だから本当にTwitter一つで完結してしまう。

Twitterはフォローする相手によって表情を変える

Twitterの凄いところは、同じツールなのに誰をフォローするかによって全く違う表情を見せてくれるところなんだ。

例えば俺のTwitterならスマホの情報ばかりがタイムラインに表示されるけど、一方でバイク系の人をフォローしておけばバイクの情報を、投資系の人をフォローしておけば投資情報を、資格・勉強系の人をフォローしていれば資格・勉強系の情報ばかりを効率的に取得できるようになる。しかも情報はリアルタイムで最速。

もちろん個人が発信している情報ばかりだからデマや誤りも多いけど、それも織り込み済み。デマは当然あるものとして、情報を多角的に取得して最終的に自分で判断すればいいだけ。

Twitterは誰をフォローするかでタイムラインの質が変わるから、発信内容が役に立たないと思った人は適宜フォローを外して厳選していけばいい。そうすればタイムラインの情報密度と精度を高められる。優良な発信者をフォローすることで自分に必要な情報を手軽に素早く取得できるのが、Twitterの魅力なんだ。

ちなみにTwitterは複数アカウントの使用を推奨している。欲しい情報のジャンルごとにアカウントを使い分ければより効率的に情報を取得できる。是非活用してほしい。

Twitterの弱点はパーソナライズド化

一方でTwitterには情報がパーソナライズド化されすぎてしまう弱点がある。パーソナライズド化というのはその個人が興味を持つ分野に情報を最適化するという意味で、実はスマホで表示される情報はその多くがパーソナライズド化されている。ダイエットを検索すると広告がダイエット関連ばかりになった経験がある人は少なくないと思うけど、配信される広告の内容とか、Googleの検索結果が人によって違うのはこのパーソナライズド化が原因。

これはこれで興味ある情報ばかりになるから居心地は良いんだけど、逆に自分が知らない分野の情報が全く表示されなくなるという欠点も併せ持つ。特にTwitterはその傾向が強くて、スマホが好きな人ばかりをフォローすると当然スマホ以外の情報は入ってこなくなるし、まるで全世界の人がスマホが好きだと錯覚して一般的な感覚と乖離してしまうリスクもある。

Twitterは便利ではあるけど、Twitterだけだと知見が広げられず自分がやりたいことは見つからない。目的ごとにツールを使い分ける意識が大切なんだ。

興味を持てることを新しく見つける3つのススメ

やっとこさ、ここから自分が知らない分野の情報を知る具体的な方法を解説していく。

この情報こそが将来の自分のやりたいことに繋がる可能性が高いから心して読んでほしい。あと、繰り返しになるけど知らない分野の情報は知らないが故に受動的にしか取得できないから、ここでは俺が普段チェックしているおすすめの情報源を紹介していく。

具体的には次の通り。

・オワタあんてな(2ちゃんねるまとめサイト)
・情報の質が高い優良なバラエティ番組を見る
・初対面の人との会話

オワタあんてな（2ちゃんねるまとめサイト）

これを言うと人格を疑われることが結構多いんだけど、俺は「オワタあんてな」というウェブサイトのヘビー閲覧者で、ここ数年間毎日オワタあんてなを1日に何度もチェックしている。オワタあんてなは、ひろゆき氏が創設した日本最大の掲示板「2ちゃんねる（現5ちゃんねる）」のまとめサイトで、掲示板で日々やり取りされている内容をわかりやすく切り取ってコンテンツ化したもの。5ちゃんねるではあらゆるジャンルの議題について日夜議論されていて、オワタあんてなではその中でもエンターテインメント性に富んだスレッドのまとめが分単位で更新されている。しかもそのジャンルは多岐にわたっていて、事件・事故から、政治・経済・芸能・スポーツニュース、最新ゲーム、日常トラブルから体験談まで枚挙にいとまがない。更にコンテンツとして掲載される基準はアクセスが取れるかどうかだけ。つまり単純に読み物としても面白い。もちろんアクセスに繋がるトレンド情報も押さえてあるから、オワタあんてなだけを見ておけば世間のニュースもざっくりと把握できる。しかもスマホで見れるウェブサイトだから動画と比べて閲覧に時間がかからないし、新聞、雑誌と比べても入手性が高い。オワタあんてなを見ているだけで、自分が知ってる分野から知らない分野までざっくばらんな情報を取得できる。

実際俺がオワタあんてなで見つけて衝撃を受けた情報は数知れないんだけど、その一例が「人と違う事してたら年商2億になった」という体験談だった。そこではその人がAmazonで試しに物を売り始めたら最終的に会社を経営するに至ったこと、そこまでの方法、思想が体験談として克明に記されていた。具体的には適当に作った自分の名刺を持って化粧品の展示会に乗り込み各メーカーにばら撒いた上で、小売として商品を卸してもらいAmazonで販売しつつ徐々に規模を拡大して年商2億を超えたというもの。これを読んでこんな方法があるのかと衝撃を受けた俺は、これなら俺にもできると思い、友人の凄腕営業マンに協力を依頼して架空の名刺を作って展示会に乗り込みそっくりそのまま真似してしまった。残念ながら俺は後発過ぎてほとんど相手にはされず、入荷できた製品も鳴かず飛ばずで俺の野望は頓挫してしまったんだけど、この他にもオワタあんてなで知った情報をきっかけに変わった俺の行動は数しれない。むしろ2ちゃんまとめサイトを作って俺がオワタあんてなの一部になろうとしたこともある。もちろん多岐にわたるジャンルの情報を網羅できる方法ならオワタあんてなでなくても良いんだけど、今のところ俺はオワタあんてな以上のものを見つけられていいない。

情報の質が高い
優良なバラエティ番組を見る

次におすすめなのが民放のバラエティ番組だ。受動的な情報取得といえばやっぱりテレビは強い。テレビはワイドショーは他人に詳しくなるだけだから見てはいけないとは言ったものの、面白さを追求して熾烈な競争を繰り広げる民放のバラエティ番組の質は相変わらずハイレベルで、YouTuberでは到底太刀打ちできないと思ってる。

なかでも毎週新しいトレンドとかビジネスにスポットライトを当てるタイプの番組は特に知見を広げやすいからおすすめ。現在のおすすめとしては「マツコ会議」や「幸せ！　ボンビーガール」(日本テレビ)や「オードリーさん、ぜひ会ってほしい人がいるんです。」(中京テレビ)、「激レアさんを連れてきた。」(テレビ朝日)辺り。これらの番組は今話題の物、事、人に焦点を当てて、そこに至るまでの経緯を特集するから毎週自分が知らなかった世界を知ることができる。例えば「マツコ会議」ではバトンズというウェブサイトで事業を購入した人、タイでブームのコーヒー・カフェを始めた人が特集されていたり、「ボンビーガール」ではタイ移住とか飲食店をオープンした人の収支を含む生活の実態を特集したりと、成功者と言うよりは自分と近い目線、境遇の人の等身大を知れるから参考にしやすい。

こういった番組はタイトルは違えどいつの時代もあるから、毎週番組を自動録画してCMをスキップしながら2倍速で見るのがおすすめ。もちろん純粋にエンターテインメントを楽しみたいというのであれば代表的なところで「水曜日のダウンタウン」(TBSテレビ)とか「ロンドンハーツ」(テレビ朝日)、「探偵! ナイトスクープ」(朝日放送テレビ)辺りも鉄板。一流の笑いのセンスとか場を回す力は日常生活でも参考にしやすく、円滑なコミュニケーションの手助けになる。

最近はYouTubeを始めとしたインターネットが普及したことでテレビ離れが進んでいて視聴率は落ち続けてはいるけど、それでもまだまだテレビの影響力は絶大だし、コンテンツの質も圧倒的。個人的に日本のテレビはエンタメの質に関しては世界一レベルだと、YouTuberとして自分で動画を作るようになって改めて思う。構成、編集、出演者の発言に至るまで練りに練られた番組の数々は見方によっては多くの気付きを得られるから、制作の裏側まで想像しながら見るとよりテレビを楽しみやすくなるはず。テレビが面白くないと言う人は見る番組を間違っているだけだと思うから、もう一度録画リストを整理してみてほしい。

初対面の人との会話

　あとはなんだかんだやっぱり面と向かって初対面の人と会話するのが最も気付きを得やすい。結局、社会で生きるということは人が全てで、人と会話することで気付きを得られて、人がいるから需要があって、人がいるから提供できるという話。何をするにも人を相手にしなければならない以上、人から得られる情報に最も価値があるのは必然。最近はＳＮＳが浸透していたり、リモートワークが普及したりで人と対面することが軽視されがちではあるけど、文章や映像のやり取りと対面でのやり取りは情報量が全く違う。やり取りのスピード感も違うし、同じ空間を共有するから会話の量も必然的に増えるし、会話の内容だけでなく声の大きさ、目線や動作、滑舌、髪質、肌質、服装、アクセサリーや匂いに至るまで情報量が圧倒的に増える。それら全てが自分の刺激になり気付きになる可能性を秘めている。

　もちろん外に行くのも人と会うのもパワーがいるから簡単でないんだけど、休み休みでも良いし疲れたらやめても良いから定期的に新しい人と知り合う機会を作ったほうが良い。なんなら初対面の人と会話せざるを得ない環境に自分を追い込んでしまっても良い。仕事を変えてみるとか、立ち飲み屋へ通ってみるとか、オフ会に参加してみるとか、新たなコミュニティであればなんでもＯＫ。慣れない場所に行くのは怖いし勇気もいるけど、それは皆同じ。そういえば昔、霞が関の職場にいた交流関係が広い人に「どうしてそんなに誰にでも話しかけられるんですか?」と聞いたことがあるんだけど、「俺も怖いけど乗り越えないと始まらないから」と返答された記憶がある。一見超人的に見える人も自分と同じように恐怖を感じていて、それを乗り越えているんだと親近感を覚えたことが、後の俺の居酒屋キャッチへの挑戦に繋がっている。このような何気ないやり取りの中に潜む細部の気付きが蓄積されて自分の行動に変化をもたらすきっかけになる。

当然、新しい環境での人との出会いは失敗の連続になる。馬が合わない人にも多数遭遇することにはなるけど、失敗は成功の母だしそれを含め全ての経験が糧になるから気にしてはいけない。不思議なもので人間は嫌なことは早めに忘れて、成功体験だけが残るようにできている。それに失敗すること以上に毎日同じ場所、同じ人と会話をして、気付かないうちに自分の世界が狭くなることのほうが怖い。そうならないためにも自分の未来への投資だと思って、初対面の人との会話には積極的に労力を割きたい。というのは誰よりも俺自身に言っている気がする。

新たに知った分野をブログ、SNS、YouTubeで深掘りする

ここまで紹介したオワタあんてな、バラエティ番組、人との会話はあくまでも情報取得の起点に過ぎない。今まで知らなかったことに興味を持てたのであればそこがスタートになるから、次にそれらをブログ、SNS、YouTubeなど最適なメディアで深掘りしていけばいい。

例えば俺の場合は、オワタあんてなを見ていて『金持ち父さん貧乏父さん』(ロバート・キヨサキ、シャロン・レクター著、白根美保子翻訳、筑摩書房)という本が話題だということを知り、YouTubeで本のタイトルで検索して、内容を要約していた「中田敦彦のYouTube大学」「マコなり社長」の2人の動画を見てざっくりと内容を理解したという感じ。

更に、自作パソコンを作りたいと思った時は、これもYouTubeで「ちもろぐ」と「うっしーならいふ」の動画を何本も見つつ、解説しているウェブサイトも見てパーツを選んだし、株式投資に興味を持った時は、またYouTubeで「リベラルアーツ大学」の動画を何本も見て勉強しつつ、Twitterの投資アカウントをフォローして最新情報を常に取得できる環境を整えた。

こんな感じで今現在はYouTubeがお金になりすぎて有識者が優良情報を無料で発信しまくってくれている状況だから活用しないと損。しかも動画はテーマごとにまとめられているし、2倍速で再生することも可能だから、情報の取っ掛かりとしては最もハードルが低い。なにか気になる分野が見つかればま

ずはYouTubeで検索することをおすすめしたい。

それと並行して、最新情報を常に取得したいのであればTwitterを使い、情報を網羅的に取得したい場合はウェブサイトを使うという感じ。

それぞれのツールに得手不得手があるから使いながら覚えていけばいい。

学習といえば書籍という固定観念を抱いている人が多いと思うけど、書籍の順番は最後で、ブログ、SNS、YouTubeの3つが通用しない場合にのみ購入するという運用をおすすめしたい。なぜなら書籍は有料だし、情報の網羅性が高すぎるが故に読むのに時間がかかりすぎるから。逆に専門分野の学習など、情報の網羅性が最も重要な分野では書籍から入ればいい。

もう本は読まなくていいかも……

ここまで本を書いておきながらではあるけど、実は俺は情報取得のツールとしての本には否定的。個人的にはもう本は無理して読まなくていいんじゃないかと思っているし、実際ここ5年で読んだ本は10冊にも満たない。本が重宝されたのは本しかなかった時代の話で、今はもうブログ、SNS、YouTubeで本が果たしていた役割は十分代替できる。しかも、ブログ、SNS、YouTubeのほうが本より早く、ピンポイントで効率的に欲しい情報を取得できることが多い。

本の強みは情報の網羅性ではあるけど、インターネットもコツを掴めば点と点を繋いで網羅的な情報として取得することも可能。

例えば本書がまさにそれで、本書は俺が今までブログ、Twitter、YouTubeで発信するために学習してきた生活改善情報を集大成としてまとめている。言い換えると、俺のブログ、Twitter、YouTubeを日常的に見ている人にはこの本の内容は既出の情報ばかり。

それは俺だけではなく多くのSNSをやっている著名人もそうで、結局、本は著者の主義主張を網羅的にまとめているだけだから、普段からアンテナを張って著者の言葉に耳を傾けておけば、その人の本に書かれるであろう情報は十分手に入る。

YouTubeの要約チャンネルなら20分で本の8割を理解できる

更に最近だと本の内容を要約したYouTubeチャンネルも人気で、気になる本をYouTubeで検索すれば誰かが内容を解説した動画が出てくる。そういった動画は大体が20分程度にまとめられていて、2倍速で再生すれば10分で本の要約を確認できてしまう。一人の要約だけだと内容に偏りがあるかもしれないけど、複数のYouTuberの要約を見れば共通点が浮かび上がって、ざっくりとその本の主張する内容を理解することができる。

実際、俺も『金持ち父さん貧乏父さん』が話題になった時に、「中田敦彦のYouTube大学」と「マコなり社長」で2人の要約を聴くことでざっくりと内容を理解したのは先に書いた通り。これがたった30分で、しかもお金すら払わずに実現してしまう。

つまり、もはや本を買わなくても本の内容は理解できるし、本を実際に手にとって読むのは時間的に非効率だからおすすめしない。

もちろん自分で本を読んで100%理解したいという気持ちもあるとは思うけど、1冊を100%理解する時間で複数冊を80%理解できるなら後者のほうが情報取得の効率は良いという話。

情報は自分で集めて自分で判断する時代

一点気を付けておきたいのは、インターネット上の情報は信頼性に欠けるということなんだ。インターネット上の情報の多くは個人が発信しているから発信者の主観が入るし、その情報をチェックしている人もいなければ、間違いの責任を取る人もいない。その意味で社内チェックが入る出版物の情報のほうが信頼できるのは間違いない。

とはいえ、発信者の主観が入るのは大なり小なり出版物も同じで、なんならテレビニュースとかも同じ。この世の中の全ての情報には多かれ少なかれ発信者の主観が必ず入る。結局全てのメディアには視聴率とか、発行部数、アクセス数といった収益化のための指標があるから、それを達成するためにはある程度キャッチーに形を変えて発信せざるを得ないのが実情。

だから情報が溢れる現代社会で我々に求められるのは絶対的に信頼できる情報源を探すことではなく、多数のツールで日常的に多角的な情報にアンテナを張って自分でダブルチェック、トリプルチェックをしつつ自分なりの結論と真実を推測することなんだ。

情報は信用せず、参考にして、自分で判断する時代。

自分の行動を変える情報取得を意識する

情報取得について色々と解説してきたけど、要は自分の行動を変える情報にこそ価値があるから、自分の未来を変えない情報取得はなるべく少なく、有益な情報をなるべく多く取得する努力をしましょうねという話。

ただし、どの情報が有益かは人にもよるし、そもそも取得してみないと情報の中身もわからないから、まずは色々な情報源に触れることから始めて、自分に最適な手法を見つけ出すしかない。それが俺にとって今のところはオワタあんてな、テレビ、人の3点だったということ。

もちろんどんな情報源にも必ず大なり小なり気付きはあって、なかには俺が否定したニュース・ワイドショーを見てジャーナリストとか医者、警察官を志す人もいるはず。

どの情報源が自分の行動を変えるきっかけになるかは誰にもわからない。だから、同じ時間でより多くの気付きを得られる可能性がある情報源を選ぶ努力をすることしか我々にはできない。

ということでまずは各々色々な情報源に門戸を開きつつ、自分の行動を変えられる可能性の高い情報源を自分なりに厳選していってほしい。

第6章

考え方のムダを排して人生を自分に最適化する

これが最後の章になる。もう少しだから頑張ってほしい。

ここまでムダを省きに省いたお金、時間、情報はあくまでも生きたいように生きるための資源でしかなく、活かすも殺すも使い手次第。

これは日本人の良いところでも悪いところでもあるんだけど、日本人は協調性を重視して他人に配慮するあまり自分の人生に遠慮してる人が多すぎる。それがお互いのためになっているなら良いけど、最近はこれが日本の閉塞感とか住みにくさとかの悪い部分として語られてしまう始末。配慮した結果、お互いに疲弊して病んでいるようでは誰のための配慮なのかもわからない。そしてこの配慮が厄介なのは突き詰めても十人十色で全員が納得する答えが無いところなんだ。

つまり、あっちを立てればこっちが立たずで、配慮している限り永遠に何もできないからどこかで割り切るしかない。ということでここからは自分の人生を生きるための心構えとなる5点を解説する。刮目してほしい。

・自分の時間は自分のために使う
・人は決断した後悔より「決断しなかった後悔」を強く感じる
・「逃げ」は自分の土俵を探す戦略的撤退
・将来の夢は意外とすぐ飽きるから拘りすぎない

・「今やりたいこと」はなにを差し置いても今やるべき

自分の時間は自分のために使う

自分の人生を生きるために、なによりも重要なのは時間を自分のために使う意識を持つことだ。

当たり前ではあるけど自分の人生は自分にとってかけがえのないもので、今という一瞬は二度と戻ってこないし、自分の時間には限りがある。時間売りのキャバ嬢ではないにせよ、みんな時間の使い道にはもっと敏感になっていいし、配慮とか協調性とかモラルとかマナーとかの社会性で他人のために時間をムダにしている余裕は我々にはないはず。

心地よくない誘いは断っていい

なかでも最も多いであろうものが職場でのランチとか飲み会等々の所属しているコミュニティからの誘いだ。「あちゃー誘われちゃったよ、断れねー」じゃない。断っていい。誘いに乗る相手はしっかりと吟味していいし、誘われたからといって必ずしも行かなくていい。

仲良くないけどランチに誘われたからなんとなく行って気を使うだけのムダなー時間を過ごすくらい

なら、10分で食事をとって50分ぼーっとしてたほうが疲弊しない分マシ。もちろん最初の1回2回は仲良くなるための投資として行くのはありだけど、その関係が自分にとって心地よくないと判断したなら3回目以降は行くべきではない。

そんなことはわかっているけど断る理由がなくて断れないという人に二度と誘われなくなる魔法の言葉を授ける。

たった一言、「あ、行かないです」と言えばいい。

ポイントは理由を付けずに断る。理由をつけてしまうとまた次回誘われてしまってお互いのためにならない。理由は無いけど行かないという意思表示をすることが大切。

俺はこの言葉で晴れて前の職場では変人扱いされて全く誘われなくなった。

そのお陰で空き時間でブログを書き続けて独立することができた。Win-Win。もちろん行きたい誘いには行けば良い。

他人のことを考えている限り自分の人生は好転しない

ただ、誘いは断ればいいとして、最悪なのが他人の愚痴を言う時間、他人に憤る時間だ。これは嫌な誘いに乗るよりも酷い。なぜなら不満がある相手に頭を支配されてしまうから。

結果、他人に自分の時間を無限に奪われ続けることになる。残酷な真実ではあるけど、他人に時間を

使っている限り自分の人生は永遠に好転しない。しかも愚痴とか不満は吐き出すほどガス抜きになるから一時的にスッキリしてしまってまた振り出しに戻る。永遠に解決しない。

現状に不満がある、環境を変えたいと思うなら陰口を言いながら相手が変わるのを待つのではなく、不満をバネに自分が変わったほうが早い。

つまり、愚痴を言う時間で転職サイトでも見るなりして環境を変える努力をしたほうが遥かに生産的なんだ。

そして自分が変わって相手と距離ができれば相手が自分の意識から消える。自分の人生が好転して不満も減るというからくり。

とはいえ、こんなことを言いながら実は俺も以前は職場で同僚と同僚の愚痴に甘んじる生活を送っていたんだけど、ブログでの独立を決意してからは、愚痴の時間が全てブログ執筆に消えた。

自分の人生に夢中になると他人に構う余裕がなくなる。

逆に言うと他人のことを考えているうちはまだ自分に余力がある、とポジティブに考えてほしい。その頭のリソースを自分のために使えば、更に飛躍できる可能性を秘めているんだ。

人は決断した後悔より「決断しなかった後悔」を強く感じる

ここまで色々言ってきたが、そう簡単には変われない人が大半だと思う。誘いは断れないし、愚痴も減らない。

そんな人に覚えておいてほしいのは、**人は決断した後悔より決断しなかった後悔をより強く感じるということ。**

誰しもなぜあの時伝えなかったのか、なぜあの時一歩踏み出さなかったのかという後悔は1つや2つはあると思う。決断して失敗した後悔と違って決断しなかった後悔は成功の可能性を残したが故に一生ついて回ることになる。

とはいえ、常に決断する後悔を選べば良いのかというとそれも時と場合によるんだけど、失敗を避ける嗅覚を鍛えるためには失敗を積み重ねるしかないんだ。それなら失敗は早ければ早いほど良い。まだ取り返しがつく分リスクは小さいという話。

もちろん誰しも最初から決断できるように変わることはできないけど、日々決断できない無力な自分への自己嫌悪はバネになる。

そのバネが限界に達した時に最初の一歩を踏み出す日がいつか来る。

だから焦らなくていい。時間をムダにしたくないという意識を持てたのであれば、あとは自分の限界を待つだけでいい。

「逃げ」とは自分の土俵を探す戦略的撤退

序章でも書いた通り、俺は現在まで散々逃げ続ける人生を送ってきていて、3年以上続いたのは留年して5年通った大学だけ。

そんな逃げ続けてきた俺が思うのは、人生はもっと逃げて良い、ということ。嫌なものは嫌だと言って良いし態度にも出して良い。周りにも堂々と社会通念ではなく自分の都合を最優先にすると宣言してしまって良い。にんげんだもの。

というのも今の環境に違和感を持っているのに逃げてはいけないという使命感だけで耐えても誰のためにもならない。それなのに俺が逃げたら迷惑になると、周りに配慮しすぎて自分への迷惑を良しとしてしまっている始末。こうなるともう一体誰の人生を生きているのかが分からない。

当たり前だけど逃げるなと引き留めた人は逃げなかったことであなたが被る不利益の責任を取ってはくれない。自分の決断の責任を取れるのは自分だけなんだ。

自分勝手に生きないと、ちっぽけな責任感で自己都合を優先できなかった過去を永遠に悔いながら死ぬことになる。逃げたいから逃げる。これ以上の理由はいらない。

しかも逃げないと今の環境が自分の土俵なのかすら判断ができない。

相手の土俵で戦う限りいつまで経っても思うような成果は出せない。

実際、俺も公務員時代は事務仕事ができなさすぎて爆弾扱いされて絶望していたけど、その後のスマホ販売ではトップセールスだったし、ＩＴ企業の営業職ではプレゼンが得意なことに気付いて、YouTubeでは人より滑舌が良いことに気付いた。

結局、人は適材適所で、自分でも気付いていない自分の能力は多数ある。でも不利な環境で耐え続ける限り自分の能力を発揮することはできないんだ。

もちろん努力次第である程度カバーすることもできるだろうけど、同じ努力なら苦手なことより得意なことのためにしたほうが効果的という話。

だから今の環境での努力が実っていないと感じるのであれば、その直感に従ってみるのも手。もし次も駄目でも駄目で元々だから気も楽。

ただ逃げるが勝ちとはいえ、そう簡単に「じゃあ、逃げます」とはならないし、なれない。

なぜなら一口に逃げると言っても想像以上に大変だから。というのも、逃げるためにはまず現状の自分の敗北を認めないといけないんだ。それなりに頑張ってきたはずなのに他の人に追いつけなかった事実を自分に突きつけないといけないのが辛い。

それに周りの人は口を揃えて辞めないほうが良いと言うからろくに相談もできないし、収入だって不安定になる。

もちろん逃げる先だって探さないといけないし、そこが今より良いとも限らない。

進むも地獄、退くも地獄、しかも動くのも地獄の地獄まみれ。

不確定要素が多いし、メンタルが不安すぎる。言葉のイメージに反して実際に逃げるのは困難の連続だ。

惰性で今の職場に縋るほうが間違いなく楽。でも逃げないと明日も明後日も先の見えない今日を繰り返すことになる。暗いだけの未来は逃げるよりも辛い。

当然逃げることと逃げ癖を付けることは全く別で、今の環境が自分に合っているのかを判断するにもある程度の時間は必要。

だから早すぎる判断は良くないけど、かといってたまには逃げないと逃げ方がわからなくなるのもリスク。

限界になる前に逃げたいのに、逃げ方がわからずそのまま限界を迎えてしまうことになりかねない。

これを責任感と言えば聞こえは良いけど、日本人の自殺率が高いのは逃げ方がわからなかった人の末路も含まれるはず。自分で始めたんだから最後までやり抜けみたいな言葉をよく聞くけど、これは意味不明で、自分で始めたからこそ誰に強制されるわけでもないんだから違うなと思えばいつでもやめればいい。

始めないとわからないことはたくさんあるし、違うとわかったならそれも収穫。逃げは自分に合った戦場の模索だとポジティブに捉えて、幻想にすぎない社会のレールから外れることを恐れないでほしい。

将来の夢は意外とすぐ飽きるから拘りすぎない

意外に感じるかもしれないけど、将来の夢は思っているより儚《はかな》い。実際にやってみると憧れていたよりイマイチだったとか、すぐに満足して飽きてしまったという事態になりがち。

夢は夢でしかないから実現すると現実とのギャップに苦しむことになる。

でもそんなもん。

どういう形であれ、結果が見えれば夢に一段落つけることができるし、夢に囚われなくなれば新たな夢の発見に時間と労力を割けるようになる。

そういえば俺も公務員の試験勉強を始めたきっかけは国税専門官になりたかったからで、霞が関で勤務する傍ら5年連続で受験しつづけた過去があるんだけど、結局合格できなくて6年目に諦めた。

その他にも民泊とか卸売販売、サバゲーとかタップダンスとかその他諸々興味を持ったことには一通り手を出しては一瞬でやめてきたんだけど別にそれでいい。

やってみないとどう転ぶかわからないし、違うと結論を出せたなら前に進めるからそれも収穫。全ての挑戦は糧になる。

一方で、10年前から続けているブログとか最近始めたYouTubeはこれだと思ったから続いているし、ある程度成功もしている。

色々なことに手を出すほど自分の得手不得手がわかって後で活かせるから、夢とか興味関心にはダメ元でもどんどん挑戦したほうが良い。

「今やりたいこと」はなにを差し置いても今やるべき

ところで俺は今でもたまに〝大人になったら〟というフレーズを使ってしまうことがあるんだけど、鏡の前に立ってるのは34歳の見まごうことなきちょいおっさんで、この先にはもう老化しか待っていないのが現実。

残りの人生で最も若いのが今で、最高のパフォーマンスを発揮できるのも今。

つまり、なにかやるならどう考えても今でしょ、って状態なんだ。これは俺に限った話ではなく、既にいい大人になってるのに「将来やりたいことがあって」と2周目3周目の人生に期待してる人も同じ。

今やりたいことがあるなら他の何を差し置いても今お金と時間を確保してやらないともう1周目では実現できなくなるし、もちろん2周目なんてものは存在しない。

だから将来の夢は借金をしてでも早めに実現してしまったほうが良いし、お金がかからないことなら今この瞬間から始めたほうが良い。

夢は定期的に乗り換えるもの

あと、経験上どれだけ熱中できることでも3年である程度は冷める。それ以上は生活のためもしくは次が見つからないから惰性で続ける状態になるんだけど、他に自分が熱中できるものがあるなら乗り換えたほうが良い。

これは夢を諦めろと言いたいのではなく、夢に縛られる必要はないということ。

なにかに熱中できることが幸せなのであって、熱中できなくなった夢はもう夢じゃない。夢に向かった経験は糧になるし、途中で諦めたとしても費やした時間はムダにはならない。そして、常にアンテナを張って情報収集もしつつ次のやりたいことを探し続けて、飽きたら次、飽きたら次のループを繰り返すのが理想的。

将来の夢は思っているより儚いから拘りすぎないほうが良い。夢は次々に実現して乗り換えていく程度のものだと考えればいい。

なにをしてもいいし、なにもしなくてもいい本書でここまで書いてきたことを全て実践すれば恐らく大多数の人は今より少しは出費が減って、余暇時間が増えるはず。

少なくとも、この本の購入代金の元は簡単に取れると思う。

つまりこの本は実質0円。

あとは増えた時間を別の労働に充ててお金を増やすもよし、増える貯金残高を眺めて気分を高めるもよし、そのお金を自己投資に使うもよしと、広がった選択肢をどう使うかはあなた次第。

自分の人生だから好きに生きればいい。

問題は情報収集手段の見直しによる自分のやりたいことを発見するまでの時間で、ここはどうしても個人差が出る。

自分のやりたいことがわからないから、いつそれに出会えるかもわからないし、出会えないかもしれない。

自分がやりたいこととの出会いは情報取得の物量が物を言うからある程度の学習時間は必要になる。

日々自分に合った情報収集手段はなんなのか試行錯誤しながら、Twitter とかYouTube の使い方を再検討したり、テレビの番組予約を見直したりして新たな情報収集環境を日常にするところから始めてほしい。

それと並行して増えた時間で今までより多めにダラダラとなにもない時間を優雅に過ごしてほしい。

すると、そういえば昔一瞬気になりはしたけど諦めていた興味が再度宿ったり、日常の中に感じることちょっと面白そうという関心に改めて向き合えたりする。

こういう小さな興味関心は日々に忙殺されていると気付きにくいけど、意外とどこにでも転がっている。

その中に今できそうなものがあれば今やってしまえばいいし、まだ関心が薄ければ気持ちが高ぶるまで寝かしておけばいいだけ。

もちろんこれらはいざやってみてもピンとこないものばかりにはなるけど、色々手を出しながら自分の頭を整理していけばいつかは本命に辿り着ける。スタンプラリーと同じ。

結局、本当にやりたいことが見つかったところで遅かれ早かれ飽きるのは前述した通り。

「今やることがないけど、次やりたいことも見つからない」という状況はいずれ来るけど、それはそれでいい。

お金も時間もあって、なにをしてもいいけどなにもしない余裕と贅沢を楽しんでほしい。

現代社会はＳＮＳの発達で簡単に他人と比較できてしまうが故に予定のない日、時間に劣等感を覚えてしまいがちだけど、隣の芝は永遠に青いから他人との比較はムダ。

他人ではなく過去の自分を比較対象にして、昨日より今日、今日より明日と楽になる生活と、選択肢が増え続ける明るい未来の幸福感を噛みしめてほしい。

重要なのは自分が何をしたいかであって、自分がなにもする必要がないと感じているなら、なにもしなくていいという話。

おしまい。

おわりに

最後まで読んでくれて感謝。最初は日記を書く程度に始めたブログでいつの間にか飯を食うようになって、しかも本の出版までできたことは物書きの端くれとして冥利に尽きる思い。

本の話が来たときは「本の話が来た！ 遂に俺にも！（倒置法）」って思ってすげぇ嬉しかったけど、実際に書いてみた今はもう一生書きたくないというのが正直な気持ち。

この本だと文字数は8万字程度なんだけど想像以上にキツイ。普段のブログ記事が大体4000文字程度だから最初に8万字と聞いたときはブログ記事20本分かぁ程度に考えていたんだけど、冷静に考えると1ヶ月の記事数は12記事程度だから、約2ヶ月分の文字量だし、しかも20記事分も同じテーマを書き続けるのも大変だった。

もちろん一生に一度あるかないかの形に残る本だからブログ記事とは注ぐ熱量も違って、死ぬほど読み返しては修正しての繰り返し。それが約8万字だから地獄。辛い。でも嬉しい。悔しいというジレンマ。

ということで俺はこの本が発売されたら読書用、保存用、観賞用の3つ買って家宝にする予定。顔と名前を明かしてないから親戚に配れないのが残念ではあるけど、お正月にバレない範囲でおすすめしたりもするかもしれない。そういえば昔本を出したりもしたなぁ、といつか振り返れる思い出をくれたKADOKAWAさんに感謝したい。

あわよくば100万部売れて印税1億円で人生上がれたらなぁ、なんて考えてもいるけど、どうやら今の出版業界でそれは厳しいらしい。

とはいえ内容に関しては俺が34年間で色々工夫してきたライフハックの全てを詰め込めたと思う。基本的には固定費を削りつつ時短を進めれば質素な自由は簡単に掴める。

この本に書いてある情報はどれも知っていれば実行できるものばかりで、難しいことはなにもないからこの段階まではすぐに到達できると思う。

人生の目標とか生き甲斐とかの自己実現はそのあと考えればOK。

そんな悩みを抱えられる余裕に幸せを感じることが大切。所詮幸せなんてものは自己満でしかないから自分が幸せだと思えば幸せだし逆も然り。重要なのは自分がどう感じるかだから、今を楽に生きる基盤を築きつつ、自分なりの幸せの形を探してほしい。という、ちょっと良いことを言って終わる。

健闘を祈る。

トーマスガジェマガ

トーマス　ガジェマガ
1986年生まれで奈良県出身渋谷区在住のブロガー兼YouTuber。小学校でポケモンとハイパーヨーヨーにハマり、中学校でマジックザギャザリング、高校でPS2、そして大学でXboxとスマホに取り憑かれた平均的なオタク。大学卒業後は東京で国家公務員、大阪で携帯販売員と居酒屋キャッチ、また東京に戻って渋谷区のIT営業を経てからブログ「ガジェマガ」でスマホと生活改善の情報発信で独立。最高月収は508万円。結果的に好きが仕事になった逃げることに対する意識高い系。嫌いなものはパリピと邦画。

「ムダ」の省《はぶ》き方《かた》
お金《かね》・時間《じかん》・モノ・情報《じょうほう》・逃《に》げ方《かた》の現代流改善術《げんだいりゅうかいぜんじゅつ》

2021年 7月26日　初版発行

著者／トーマス　ガジェマガ

発行者／青柳 昌行

発行／株式会社KADOKAWA
〒102-8177　東京都千代田区富士見2-13-3
電話　0570-002-301(ナビダイヤル)

印刷所／大日本印刷株式会社

ISBN 978-4-04-605207-0　C0030